全国交通技工院校汽车运输类专业规划教材

汽车使用与日常维护

(汽车维修、汽车钣金与涂装、
汽车装饰与美容、汽车商务专业用)

主 编 李春生
主 审 孙文平

人民交通出版社

内 容 提 要

本书是全国交通技工院校汽车运输类专业规划教材之一，主要包括汽车使用性能评价、汽车上牌、汽车合理使用、汽车运行材料选用、汽车日常清洁维护、汽车日常补给维护、汽车日常安全检查、汽车日常使用检查调整、汽车简单故障应急处理等内容，共九个项目。

本书是交通技工院校、中等职业学校的汽车维修、汽车钣金与涂装、汽车装饰与美容、汽车商务专业的基础课程教材，也可作为汽车维修技术等级考核及培训用书和相关技术人员的参考用书。

图书在版编目(CIP)数据

汽车使用与日常维护/李春生主编. —北京：人民交通出版社，2013.7
全国交通技工院校汽车运输类专业规划教材
ISBN 978-7-114-10604-0

Ⅰ. ①汽… Ⅱ. ①李… Ⅲ. ①汽车 – 应用—技工学校—教材②汽车—维护—技工学校—教材 Ⅳ. ①U472

中国版本图书馆 CIP 数据核字(2013)第 093232 号

书　　名	汽车使用与日常维护
著 作 者	李春生
责任编辑	李　斌
出版发行	人民交通出版社
地　　址	(100011)北京市朝阳区安定门外外馆斜街3号
网　　址	http：//www.ccpress.com.cn
销售电话	(010)59757973
总 经 销	人民交通出版社发行部
经　　销	各地新华书店
印　　刷	北京市密东印刷有限公司
开　　本	787×1092　1/16
印　　张	11
字　　数	255 千
版　　次	2013 年 7 月　第 1 版
印　　次	2016 年 1 月　第 2 次印刷
书　　号	ISBN 978-7-114-10604-0
定　　价	25.00 元

(有印刷、装订质量问题的图书由本社负责调换)

交通职业教育教学指导委员会

汽车(技工)专业指导委员会

主 任 委 员：李福来
副主任委员：金伟强　戴　威
委　　　员：王少鹏　王作发　关菲明　孙文平
　　　　　　张吉国　李桂花　束龙友　杨　敏
　　　　　　杨建良　杨桂玲　胡大伟　雷志仁
秘　　　书：张则雷

Foreword 前言

教育部关于全面推进素质教育深化中等职业教育教学改革的意见中提出"中等职业教育要全面贯彻党的教育方针,转变教育思想,树立以全面素质为基础、以能力为本位的新观念,培养与社会主义现代化建设要求相适应,德智体美全面发展,具有综合职业能力,在生产、服务、技术和管理第一线工作的高素质劳动者和中初级专门人才"。根据这一精神,交通职业教育教学指导委员会在专业调研和人才需求分析的基础上,通过与从事汽车运输行业一线行业专家共同分析论证,对汽车运输类专业所涵盖的岗位(群)进行了职业能力和工作任务分析,通过典型工作任务分析→行动领域归纳→学习领域转换等步骤和方法,形成了汽车运输类专业课程体系,于2011年3月,编辑出版了《交通运输类主干专业教学标准与课程标准》(适用于技工教育)。为更好地执行这两个标准,为全国交通运输类技工院校提供适应新的教学要求的教材,交通职业教育教学指导委员会汽车(技工)专业指导委员会于2011年5月启动了汽车运输类主干专业系列规划教材的编写。

本系列教材为交通职业教育教学指导委员会汽车(技工)专业指导委员会规划教材,涵盖了汽车运输类的汽车维修、汽车钣金与涂装、汽车装饰与美容、汽车商务四个专业26门专业基础课和专业核心课程,供全国交通运输类技工院校汽车专业教学使用。

本系列教材体现了以职业能力为本位,以能力应用为核心,以"必需、够用"为原则;紧密联系生产、教学实际;加强教学针对性,与相应的职业资格标准相互衔接。教材内容适应汽车运输行业对技能型人才的培养要求,具有以下特点:

1. 教材采用项目、课题的形式编写,以汽车维修企业、汽车4S店实际工作项目为依据设计,通过项目描述、项目要求、学习内容、学习任务(情境)描述、学习目标、资料收集、实训操作、评价与反馈、学习拓展等模块,构建知识和技能模块。

2. 教材体现职业教育的特点,注重知识的前沿性和全面性,内容的实用性和实践性,能力形成的渐进性和系统性。

3. 教材反映了汽车工业的新知识、新技术、新工艺和新标准,同时注意新设备、新材料和新方法的介绍,其工艺过程尽可能与当前生产情景一致。

4. 教材体现了汽车专业中级工应知应会的知识技能要求,突出了技能训练和学习能力的培养,符合专业培养目标和职业能力的基本要求,取材合理,难易程度适中,切合中技学生的实际水平。

5. 教材文字简洁,通俗易懂,以图代文,图文并茂,形象直观,形式生动,容易培养学员的学习兴趣,有利于提高学习效果。

本书是根据交通职业教育教学指导委员会交通运输类主干专业教学标准与《汽车使用与日常维护》课程标准进行编写。它是交通技工院校、中等职业学校的汽车维修、汽车钣金与涂装、汽车装饰与美容、汽车商务专业的基础课程教材。该课程的教学目标是让学生进一步认识汽车,了解汽车使用性能的评价、上牌程序、汽车基本使用常识、汽车运行材料的选用、日常维护与调整、简单故障应急诊断方法等。本书的总体设计思想打破了以知识传授为主要特征的传统学科课程模式,转变为以工作任务(项目)为中心组织课程内容,并让学生在完成具体项目的过程中学到相关理论知识,培养谋职就业的能力。课程内容的选取紧紧围绕日常工作项目完成需要来进行,同时考虑到职业教育对理论知识学习需要,融合了相关职业资格等级标准对知识、技能和态度的要求。为后续专门化方向课程的学习奠定基础,培养学生具有一定的逻辑思维和分析问题与解决问题的能力。整个课程知识与技能设计以够用为度。

本书由广西交通技师学院李春生担任主编,陕西交通技术学院孙文平担任主审。项目一、项目二、项目四、项目九由李春生编写;项目三由广西交通技师学院陈雯编写;项目五、项目六、项目七、项目八由郑州交通技师学院王永胜编写。全书在编写和统稿过程中得到了广西交通技师学院关菲明、樊海林和江苏汽车技师学院戴良鸿的大力支持,也得到了部分汽车修理厂家和汽车4S店的支持,在此一并表示感谢。

由于编者经历和水平有限,教材内容难以覆盖全国各地的实际情况,希望各地教学单位在选用和推广本教材的同时,总结经验及时提出修改意见和建议,以便再版时订正。

交通职业教育教学指导委员会
汽车(技工)专业指导委员会
2013年2月

Contents 目录

项目一　汽车使用性能评价 ... 1
　课题一　汽车使用性能的评价 ... 1
　课题二　国产汽车代码的编制及识别 ... 12

项目二　汽车上牌 ... 19
　课题一　汽车注册与上牌 ... 19
　课题二　汽车保险 ... 23

项目三　汽车合理使用 ... 33
　课题一　汽车使用常识 ... 33
　课题二　汽车走合期的使用技巧 ... 45
　课题三　汽车的节油技巧 ... 49

项目四　汽车运行材料选用 ... 56
　课题一　汽车燃油的选用 ... 56
　课题二　汽车机油的选用 ... 60
　课题三　汽车齿轮油的选用 ... 64
　课题四　汽车制动液、冷却液等油液的选用 ... 67
　课题五　汽车轮胎的选用 ... 75

项目五　汽车日常清洁维护 ... 86
　课题一　汽车的日常维护 ... 86
　课题二　汽车日常"四漏"及检查 ... 94
　课题三　整车清洁维护 ... 99
　课题四　空气滤清器与蓄电池的清洁维护 ... 103
　课题五　刮水器与洗涤器的清洁维护 ... 108

项目六　汽车日常补给维护 ... 113
　课题一　汽车油、液的检视与补给 ... 113
　课题二　轮胎气压检测与补给 ... 120

项目七　汽车日常安全检查 ... 126
　课题一　汽车重要部位的日常安全检查 ... 126
　课题二　发动机运转状况的检查 ... 133

项目八　汽车日常检查调整 ... 137
　课题一　离合器与制动器踏板的检查调整 ... 137

课题二　转向系的检查调整 …………………………………………… 142
　　课题三　发动机传动带的检查调整 ………………………………… 144
项目九　汽车简单故障应急处理 ……………………………………… 148
　　课题一　汽车仪表及报警灯的识读 ………………………………… 148
　　课题二　信号灯不亮的故障诊断 …………………………………… 154
　　课题三　前照灯不亮的故障诊断 …………………………………… 158
　　课题四　发动机不易起动的故障诊断 ……………………………… 160
　　课题五　制动不良的故障诊断 ……………………………………… 162
参考文献 …………………………………………………………………… 165

项目一　汽车使用性能评价

学习目标

完成本项目学习后，你应能：
1. 懂得如何阅读汽车说明书；
2. 叙述汽车常用的动力性、燃料经济性、制动性等使用性能含义；
3. 知道国产汽车 VIN 代码的编制规则。

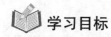**建议课时**：4 课时。

在国家宏观经济持续、稳定发展的形势下，国内汽车的生产和销售出现了快速增长的两旺趋势，汽车也已进入普通百姓家庭，我国已渐渐步入汽车社会。汽车是大件贵重品，对于大多家庭来说，购车会牵动着家庭的消费水平。了解汽车、选购适合自己的汽车，已经成为许多人的日常关注热点。通过本项目学习，我们可以知道怎样选购汽车、如何阅读汽车的说明书、怎样评价汽车性能和识别汽车 VIN 代码等相关知识。

课题一　汽车使用性能的评价

一、汽车的选购

对大多普通消费者来说，购置一辆轿车是一笔不小的开销，如何在令人眼花缭乱的汽车市场选购到一款自己中意的车并非一桩易事。选购汽车可遵循下列步骤：

第一步，根据经济情况，确定选购车辆的价位，按照价位划定一个选购圈子。通过朋友介绍或上网查询相应价位的各类品牌。如图 1-1 为网络报价在 10 万～15 万元范围内的卡罗拉。

厂商指导价：12.38万元

生产厂家：一汽丰田

汽车级别：紧凑型车

年代款：2011款

长×宽×高：4545mm×1760mm×1490mm

发动机：1.6L L4

变速器：5挡手动变速器

图 1-1　按车价选车

第二步,根据购置用途,确定购车种类和车型,如选择轿车还是SUV(运动型多功能车)、两厢车或是三厢车等,应根据需要确定(图1-2)。

图1-2 小轿车与SUV

第三步,根据喜好,选购不同的设计风格,如运动、时尚、商务、中庸等,进一步缩小选购车辆的范围。

第四步,根据车辆具备的技术含量,如独立悬架、安全辅助系统、安全气囊、GPS、座椅电加热功能等。如图1-3所示,丰田卡罗拉轿车配置有音响和车载GPS的组合一体机。当然,配置越多、越齐全,车辆价格就会越高。

第五步,初步选定一种或数种车型后,向朋友、同事征求意见,也可上网查询或直接向经销商咨询,主要要对所选车型的性能、使用情况、故障率、性价比、售后服务等多个方面进行全面的了解。

第六步,就具体欲购买车型与经销商商谈实际成交价格,询问及确认售后服务优惠情况。

第七步,认购及挑选车辆。确定购置的车辆后,对选定车进行全面检查,主要包括:外观检查、车况检查、随车工具检查、钥匙检查。同时,接收及检查车辆相关文件,核对车辆合格证,特别要注意核对车辆合格证与车辆的发动机编号、车架编号是否一致,确保完整无缺(图1-4)。

图1-3 丰田卡罗拉GPS组合　　图1-4 核对新车号码并检查机油(新车机油呈淡黄色)

◇**温馨提示**:没有厂家提供的车辆合格证或者车辆合格证与车辆的发动机编号、车架编号不一致时,车辆管理部门不给予办理车辆入户手续。

二、阅读汽车使用说明书

新购的车辆都配备一个文件包,内有车辆使用说明书、用户手册、音响使用说明书或车辆保修手册等(图1-5)。汽车说明书是汽车厂商为消费者提供服务的重要文件。说明书上的汽车使用常识、汽车救援电话、养护注意事项等实用信息,在紧要关头往往能帮助车主排忧解惑。如果没有仔细阅读过这些资料,车主不但不能完全认识自己的爱车,而且对自己的权利也无从知晓,甚至面对困境也会束手无策。不同款式的汽车,在描述车辆技术参数、性能、使用相关知识方面均有所不同。拿到新车文件包后,应对照实物参阅汽车说明书,需要阅读的主要内容如下。

1. 说明书中需要详细阅读的内容

(1) 车辆技术参数。车辆的技术参数主要包括:尺寸参数、质量参数、动力性能参数等,如表1-1所示。在网上或在经销商产品展示台提供给供购车人参阅比较的宣传册子中,也可查阅相关车辆的技术参数。

图1-5 汽车的保修手册

卡罗拉2011款1.6L GL主要参数表(部分)   表1-1

参数	车型	卡罗拉2011款1.6L GL MT	卡罗拉2011款1.6L GL AT	卡罗拉2011款1.6L GL 天窗版 MT
尺寸参数	长×宽×高(mm^3)	4545×1760×1490		
	轴距(mm)	2600		
	前轮距(mm)	1535		
	最小离地间隙(mm)	160		
质量参数	整备质量(kg)	1270	1290	1280
动力系统	发动机型号	1ZR—FE		
	排量(mL)	1598		
	压缩比	10.2		
	最大功率(kW)	90		
	最大功率转速(r/min)	6000		
	最大转矩(N·m)	154		
	最大转矩转速(r/min)	5200		
	燃油标号	93号及以上无铅汽油或符合国家标准的车用乙醇汽油		
	变速器类型	5挡手动变速器(MT)	4挡自动变速器(AT)	5挡手动变速器(MT)
底盘系统	前/后悬架类型	麦弗逊式独立悬架/新型拖曳臂式悬架(减振器、减振簧分离式)		
	助力类型	电动助力		
	前/后制动器类型	通风盘式/盘式		

① 外形尺寸参数。汽车的外形尺寸参数就是汽车的长、宽、高,如图1-6所示。车长是汽车前、后最外端突出部位之间的距离。车宽是指平行于车辆纵向对称平面,并分别抵靠在车辆两侧固定突出部位的两平面之间的距离。车高是车辆在没有装载的情况下,支撑平面与最高突出部位之间的距离。车辆的长、宽、高尺寸直接影响到车辆的内部空间,同时也直接影响到车辆掉头、停靠等通过性能。

② 轴距与轮距。轴距是车辆同一侧相邻两车轮的中心,并垂直于车辆纵向对称平面的两垂线之间的距离,也就是汽车前轴中心和后轴中心的距离。一般来说,轴距越长乘坐越舒适,但车辆的转弯半径也会越大,影响车辆的通过性能(图1-7)。

图1-6 车辆的外形尺寸及轴距

图1-7 车辆的轴距

轮距是车轮在车辆支撑平面上留下轨迹的中心线之间的距离,如果车辆两端是双车轮,轮距则是双车轮两个中心平面之间的距离(图1-8)。

③动力性能参数。动力性能参数是车辆的重要技术参数,它主要描述发动机的动力性能,常用的有:最大转矩、燃油消耗量、加速性等(图1-9)。

图1-8 汽车的轮距

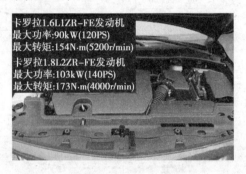
图1-9 汽车的动力性能

a. 最大功率。最大功率是衡量发动机动力性能的重要参数。发动机输出的功率越大,汽车的最高车速就越高。发动机输出的功率基本与发动机的转速成正比,但发动机的最大功率并不是出现在最高转速时。这是由于当转速达到一定值时,进气时间将大大缩短,充气效率将降低,造成"进不足、排不尽",严重地影响了可燃混合气的质量,因此随着转速的升高,发动机的功率反而会下降,这也是说明书上要注明最大功率时所对应的转速的原因。

功率的单位是kW(千瓦),过去用马力表示。

b. 最大转矩。最大转矩是衡量发动机克服阻力、加速转动的能力。最大转矩值出现点相对应的转速越低,说明该车的起步加速能力越好,反之则说明该车的中途加速能力较好。

c. 燃油消耗量。燃油消耗量参数包括两部分,一部分为90km等速时的燃油消耗量,另一部分为混合工况的燃油消耗量。但说明书上的燃油消耗量是汽车生产厂家在理想行驶环境下测得的理论数值,它与实际使用时的消耗量会有较大的误差,该误差值随驾驶人和道路状况的不同而有所差异(图1-10)。

d. 加速性。使用说明书上的加速性用0~100km的加速时间表示。该时间越短,说明该车的加速性能越好。但实际的加速时间可能要比说明书上的数值略大,原因与燃油消耗量中所述的情况相同。

e. 汽缸数和排量。在汽车说明书上，经常可以看到"L3"、"L4"、"V6"等字样，它们所表示的是发动机的汽缸排列形式和缸数。其中L表示直列，V表示V形双列式(图1-11)。

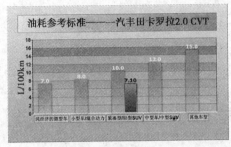

图1-10 汽车燃油消耗测试比较　　　　　图1-11 发动机6缸V形排列

发动机排量又称为发动机的总容积，是发动机各汽缸工作容积的总和。单位为L(升)。一般来说，排量越大，发动机的输出功率越大，动力性越好，燃油经济性越差，经济性越差。

(2)仪表板的配置。说明书中有仪表板上所有开关、报警灯、按钮等的位置和名称。记住这些有助于驾驶人在驾驶中熟练地掌控仪表板上的各项内容，避免在操作中由于不熟悉而造成失误(图1-12)。

(3)控制部分的操作指南。如图1-13所示，汽车操控部分主要集中在驾驶人前方及左右侧。控制部分的操作指南详细介绍了驾驶室内空调、音响等各个开关、按钮的布局及使用方法。

图1-12 卡罗拉(2011款1.8L GLX-i 导航版)仪表板的配置　　　　图1-13 汽车的操控部分

(4)驾驶要领。这部分应重点阅读磨合期(也称走合期)驾驶和安全驾驶注意事项。

①磨合期驾驶指南。此部分介绍新车磨合期的行驶里程和各挡位行驶速度和发动机转速，以及在磨合期间的车辆驾驶注意事项等。一般汽车使用说明书里都会对磨合期的车辆使用方法有明确规定，如为延长车辆寿命，最初的300km内应避免紧急制动；最初的800km内，不要拖曳挂车；最初的1000km内，不要超高速驾驶；避免突然加速；不要持续低挡驾驶等。

随着汽车制造技术和工艺的不断进步，逐渐降低了磨合期驾驶要求。然而，从爱护车辆方面来讲，考虑到新车在装配时仍然会存在一定的偏差和一些很难发现的隐患，1500～2000km使用初期是保证机件充分接触、摩擦、适应、定型的基本里程。建议在这期间应平稳驾驶，适当控制行驶速度，避免高速驾驶，以调整提升汽车各部件适应环境的能力，并磨掉零件上的凸起物，提高汽车的安全性、经济性，延长汽车的使用寿命。

②安全驾驶指南。此部分介绍出车前应检查的项目及必要性,驾驶中保证安全的注意事项以及如何经济驾驶、规范驾驶等内容。

(5)维护指南。这部分内容主要介绍如何定期进行汽车的维护。此外,此部分也是汽车腐蚀损坏时提出索赔要求依据之一。需要经常维护的部位有车身表面、发动机舱、驾驶室及底部保护层,其中有些项目需要到专业维修厂进行维护(图1-14)。

(6)维护周期及其他服务。着重介绍维护的周期以及内容,如驾车行驶里程达到7500km,或者行驶时间满6个月之时,应当立即到就近的汽车特约维修站为车辆进行首次维护服务。行驶里程和行驶时间这两个条件,以先出现者为准。

(7)自行维护。自行维护介绍的内容主要有:自行维护注意事项、随车工具的放置位置及使用方法;汽车发动机、底盘所用油液的检查方法、轮胎的选用规格及维护、换位方法;车灯灯泡、熔断丝等易损零部件的更换等。

(8)维修部分。这部分内容首先介绍汽车维修的主要数据,如发动机机油的容量、火花塞的间隙、火花塞的更换里程等维修数据;其次介绍一些简单的维修操作及检测方法;最后简介前后牵引环的位置以及牵引车辆的方法。

◇**温馨提示**:磨合期指新车在开始使用阶段,通过限速、减载进行运行性磨合的时期,亦称走合期。它是使汽车各配合机件通过逐渐磨合,达到良好配合的过程,目的是延长汽车使用期限,提高汽车使用的经济性和可靠性。

2.汽车说明书中不能忽视的维护警示

汽车使用说明书的自行维护事项是许多车主最容易忽视的,而往往却在使用中导致疑问最多。要了解车辆该何时维护、如何维护有很多方法和渠道,仔细地阅读说明书则是最基本的方式,也是驾车、养车过程中最基础、最重要的步骤之一。汽车维修手册常常配备有车辆定期维修记录簿,方便用户查询车辆维修记录(图1-15)。

易损件的质保周期为10000km,车主应该了解易损零件信息,以便根据实际情况进行免费更换,省下一笔费用。

图1-14 仔细阅读维护警示

图1-15 车辆定期维修记录簿

新车由于维护、使用不当等所留下的后遗症,一般会在一两年后才表现出来。许多新车车主由于缺乏相应的养车和用车知识,不严格遵守说明书上的规定,最终导致汽车提前损坏。首保后的维护,有些车主往往仅凭借自己的经验进行,而从不仔细阅读本车说明书的维护细则。例如,说明书里规定"发动机机油应每行驶10000km或每12个月更换一次",而有的车主开到15000km才更换机油,这样不但缩短了发动机的使用寿命,还有可能造成很高的维修成本。此外,有的说明书里还规定了车上的每一个部件检查或更换的里程数和时间,这些细则车主都应该随时翻阅,以防错过最佳维护时间。

◎温馨提示:如果不按说明书里规定的里程、时间间隔到指定地点维护,而是私自到不具备资格的店铺进行处理,一旦造成车辆损害,厂家不负责三包,车主就丧失了应有的权利,得不偿失。

3. 汽车说明书中需要特别重视的安全警示

很多汽车使用说明书在安全配置的文字上用加大字体或红字、画红底线等方法予以重点警示,这些文字大多数是介绍安全带的使用方法、如何保护儿童安全等用户容易忽视的问题。不详细阅读说明书的安全警示,在涉及安全配置该如何使用、什么情况下发生作用、如何避免意外等具体问题上,车主往往就弄不清楚。对这些细节的忽视,往往可能酿成大事故。其实通过仔细阅读说明书,注意汽车说明书中的安全警示部分,是可以避免这些问题的发生。

如图 1-16 所示是安全带的规范系法,在产品说明书里就清楚地写明,"安全带要斜跨整个肩部,不触及颈部,腰部扣带尽可能低地横跨于髋部,以防止突然收紧勒伤脏器。"如果了解到这些,车主在驾车的时候就不会把安全带随便地,而且是危险地绕在腹部了。说明书里还明确地规定了幼儿座椅安全带的用法,儿童应根据年龄阶段的不同使用相应的儿童保护装置。

图 1-16　汽车安全带的使用

此外,应熟悉说明书里对汽车发生异常时的症状描述和警告灯功能的介绍。说明书里写明,当车辆出现"瘪胎或轮胎磨损不均匀、排气声音异常、转弯时轮胎噪声过大、发动机冷却液温度过高、警告灯闪烁或亮起"等问题时,汽车就需要调整或送修。而车主往往会忽视这些小问题,最后引起车辆故障,甚至酿成事故。

熟读汽车使用手册,不但可以清楚了解爱车的各种性能,充分发挥车辆的作用,同时还能够避免很多不必要的错误操作,减少汽车故障,延长爱车的使用寿命。

三、汽车使用性能的评价

汽车的使用性能是指汽车能适应各种使用条件而发挥最大工作效率的能力。主要包括动力性、燃料经济性、制动性、操纵稳定性、通过性等。此外,还包括可靠性、舒适性、维修简便性和行驶平顺性等。

1. 汽车的动力性

动力性是指汽车在一定道路条件下以尽可能高的平均车速运送旅客、货物的能力。汽车必须有足够的牵引力,才能克服各种行驶阻力,正常行驶。这些都取决于动力性的好坏。高动力性可以节约运送时间,提高运输生产率。汽车动力性通常用在良好路面上的最高车速、加速时间和能克服的最大坡度来评价。一般轿车的最高行驶车速为 150~200km/h,原地起步至车速 100km/h 的加速时间为 7~20s;载货汽车的最高行驶车速一般为 85~120 km/h,最大爬坡度为 25%~30%。

1）汽车的最高车速

最高车速指汽车满载并在良好水平路面上能达到的最高行驶速度。汽车行驶的速度可以通过车速表观察到,如图1-17所示。车辆所配发动机的功率越大、转速越高,汽车的最高速度也越高。汽车能够行驶到达的最高车速可以查阅相关技术参数,车速表上最大车速刻度标志并不代表车辆能够行驶到的最高速度。

2）汽车的加速能力

汽车的加速能力,是指汽车在各种使用条件下迅速增加汽车行驶速度的能力。如图1-18所示,是一汽丰田卡罗拉汽车加速测试图。目前,常用汽车从0～100km/h所需的加速时间(s)来评价汽车的加速能力。加速过程中,加速用的时间越短、加速度越大和加速距离越短的汽车,加速性能就越好,整车的动力性能也越高。

图1-17 车速表

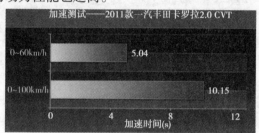

图1-18 汽车加速测试

3）汽车的爬坡能力

如图1-19所示,汽车爬坡能力用满载时以最低挡位在坚硬路面上等速行驶所能克服的最大坡度来表示,称为最大爬坡度。它表示汽车最大牵引力的大小。

图1-19 最大爬坡度

不同类型的汽车在动力性方面对上述三项指标要求各有不同。轿车与客车偏重于最高车速和加速能力,载货汽车和越野汽车对最大爬坡度要求较苛刻。但不论何种汽车,为在公路上能正常行驶,均必须具备一定的平均速度和加速能力。

2. 汽车的燃料经济性

为降低汽车运输成本,要求汽车以最少的燃料消耗完成尽量多的运输量。汽车以最少的燃料消耗量完成单位运输工作量的能力称为燃料经济性,评价指标为每行驶100km消耗掉的燃料量(L)。

研究表明,为了节油应尽可能使发动机经常在较大负荷率的经济工况区运转,也就是常说的在经济车速行驶。经济车速是指汽车最少耗油量的车速。驾驶车辆时,应尽量按照车辆设计的经济车速或略高于经济车速的速度行车,否则会增加油耗。速度过低费油、速度过高车辆振动频率增大,汽车操纵性和稳定性受影响,发动机在大负荷状态下运行,油耗也会增加。每一种车型的经济车速是不同的,一般经济型轿车的经济车速是60～80km/h,中高档轿车的经济车速是80～90km/h。通常,轿车70km/h的油耗状况是最让人满意的(图1-20)。

此外,改进车身形状以减小空气阻力,采用子午线轮胎以减小滚动阻力,减轻汽车自重,以及重视汽车维护、提高驾驶技术等,都有利于改善燃料经济性。

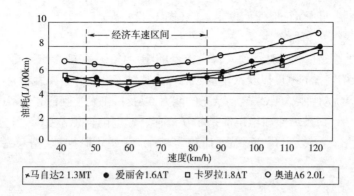

图 1-20 不同车辆等速油耗对比

3. 汽车的制动性

汽车具有良好的制动性是安全行驶的保证,也是汽车动力性得以很好发挥的前提。汽车制动性包括制动效能、制动效能的恒定性和制动的方向稳定性三个方面的内容。

1)制动效能

制动效能是指汽车行驶时可靠而迅速地减速直至停车的能力。常用制动过程中的制动时间、制动减速度和制动距离来评价,它是制动性能最基本的评价指标。

如图 1-21 所示,制动距离最直观,与行车安全有直接关系,驾驶人可根据预估停车地点的距离来控制制动强度,故制动系技术参数中通常用汽车制动距离来表示制动效

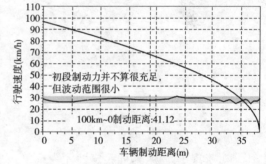

图 1-21 卡罗拉连续制动效能测试图

能。有关职能部门通常也按制动距离制定安全法规。制动减速度和制动时间在分析研究制动过程中也是必不可少的参数,为了便于在检测线上进行车辆检测,也常用制动力来评价汽车制动效能。

汽车的制动效能除和汽车技术状况有关外,还与汽车制动时的速度以及轮胎和路面的情况有关。一些国家对汽车的制动效能用法律形式作出规定,如我国规定,总质量在 4.5t 以下的汽车,在车速为 30km/h 的条件下制动时,制动距离应小于 6.2m;瑞典规定,总质量在 3.5t 以下的汽车,在车速为 80km/h 的条件下制动时,减速度应大于 5.8m/s。

2)制动效能的恒定性

在短时间内连续制动后,制动器温度升高,摩擦系数下降,导致制动效能下降,称之为制动器的热衰退现象,连续制动后制动效能的稳定程度为制动效能的恒定性。

3)制动时方向的稳定性

制动时方向的稳定性,是指车辆制动时不发生跑偏、侧滑而维持直线行驶或按预定弯道行驶的能力,常用汽车通过给定通道的制动试验来评定。跑偏是指汽车直线行驶制动时,车辆自动向左或向右偏驶的现象,这主要是由于左右车轮(特别是转向轮)制动力不相等造成;侧滑是指汽车制动时某一轴的车轮或两轴的车轮发生横向滑动的现象。当车轮抱死时,易发生侧滑或者失去转向能力。为防止上述现象发生,现代汽车设有电子防抱死

装置,防止紧急制动时车轮抱死而发生危险(图1-22)。

4. 汽车的操纵性和稳定性

汽车的操纵性是指汽车对驾驶人转向指令的响应能力,直接影响到行车安全。轮胎的气压和弹性、悬架装置的刚度以及汽车重心的位置都对该性能有重要影响。汽车的稳定性是汽车在受到外界扰动后恢复原来运动状态的能力,以及抵御发生倾覆和侧滑的能力。

如图1-23所示,操纵性和稳定性是相互依存、密切相连的,操纵不当会造成稳定性下降,引起汽车侧滑、急转、甩尾等事故;而稳定性下降,如轮胎抱死、滑移等会造成操纵失灵,从而引发事故。

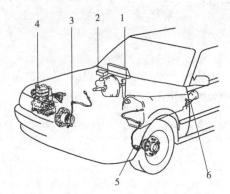

图1-22 ABS电子防抱死装置
1-ABS警告灯;2-ABS ECU;3-前轮速传感器;4-ABS执行器;5-前轮速传感器;6-后轮速传感器

图1-23 汽车的稳定性测试

对于汽车来说,侧向稳定性尤为重要。当汽车在横向坡道上行驶、转弯以及受其他侧向力时,容易发生侧滑或者侧翻。汽车重心的高度越低,稳定性越好。合适的前轮定位角度使汽车具有自动回正和保持直线行驶的能力,提高了汽车直线行驶的稳定性。如果货物超高、超载,转弯时车速过快,横向坡道角过大以及偏载等,容易造成汽车侧滑及侧翻。

5. 汽车的行驶平顺性

汽车在行驶过程中由于路面不平的冲击,会造成汽车的振动,使乘客感到疲劳和不舒适,并可能导致货物损坏。为防止上述现象的发生,不得不降低车速。同时,振动还会影响汽车的使用寿命。汽车在行驶中对路面不平的降振程度,称为汽车的行驶平顺性。

评价汽车行驶的平顺性,客车和轿车采用舒适降低界限车速特性。当汽车速度超过此界限时,就会降低乘坐舒适性,使人感到疲劳和不舒服。该界限值越高,说明平顺性越好。货车采用疲劳降低工效界限车速特性。汽车车身的固有频率也可作为平顺性的评价指标。从舒适性出发,车身的固有频率在600~850Hz的范围内较好,高于此频率范围时,对乘客的生理反应及货物的完好性都会产生不利影响;低于此频率范围时,乘客易出现晕车等现象。

高速汽车,尤其是轿车要求具有优良的行驶平顺性。如图1-24所示,性能优越的悬架装置和轮胎良好的弹性、座椅较强的降振性能等,都可以提高汽车的行驶平顺性。

6. 汽车的通过性

汽车在一定的载质量下能以较高的平均速度通过各种坏路及无路地带和克服各种障

碍物的能力,称为汽车的通过性。汽车的通过性常用最小离地间隙、接近角、离去角、最小转弯半径等几何参数描述,如图1-25所示。

图1-24 性能优越的悬架装置

如图1-25 汽车的通过性

各种汽车的通过能力是不一样的。由于轿车和客车经常在市内行驶,越障能力就差。而越野汽车、军用车辆、自卸汽车和载货汽车,就必须有较强的通过能力,如图1-26所示。

采用宽断面胎、多胎可减小滚动阻力;较深的轮胎花纹可以增加附着系数而不容易打滑,全轮驱动的方式可使汽车的动力性得以充分的发挥;车辆的结构参数决定了车辆克服障碍的能力,如较大的最小离地间隙、接近角、离去角、车轮半径和较小的转弯半径、横向和纵向通过半径等,都可提高汽车的通过能力。因此,选购车辆时,应根据实际情况而定。

图1-26 通过能力强的汽车

7. 其他使用性能

1) 操纵轻便性

操纵轻便性用驾驶汽车时需要操作的次数、操作时所需要的力、操作时的方便程度以及视野、照明、信号等来评价。采用手自一体变速器(图1-27),不但便于驾驶人操纵,还兼顾了运动驾驶乐趣。具有良好操纵轻便性的汽车,可以减轻驾驶人劳动强度和紧张程度,也是安全行驶的保证。故现在汽车上多配置了动力转向、制动助力装置、自动变速器以及膜片离合器等装置,使操纵轻便性得以明显改善。

2) 机动性

市区内行驶的汽车,经常行驶于狭窄多弯的道路,机动性显得尤为重要。机动性主要用最小转弯半径来评价。转弯半径越小,机动性越好。

3) 装卸方便性

乘客上下车和货物装卸方便性,与车厢的高度、可翻倒的栏板数目以及车门的数目和尺寸有关。

8. 容量

容量表示汽车能同时运输的货物数量或者乘客人数。载货汽车用载质量和载货容积来表示;客车用载客数量表示。质量利用系数反映出汽车结构的合理程度(图1-28)。

质量利用系数 = 额定载质量/空车质量

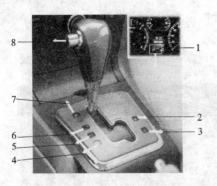

图1-27 手自一体变速器

图1-28 汽车的容量

1-换挡显示位置；2-运动模式加挡；3-运动模式减挡；
4-前进挡；5-空挡；6-倒车挡；7-驻车挡；8-锁止按钮

课题二 国产汽车代码的编制及识别

一、汽车 VIN 码的含义

VIN(Vehicle Identification Number)号(或码)，中文名叫车辆识别代码，是制造厂为了识别而给一辆车指定的一组字码。VIN 码是由 17 位字母、数字组成的编码，又称 17 位识别代码、17 位号或车架号，如图 1-29 所示。经过排列组合编制的车辆识别代码，可以使同一车型的车辆在 30 年之内不会发生重号现象，具有全球通用性。汽车 VIN 码是全世界识别车辆唯一准确的车"身份证"，它将伴随车辆的注册、保险、年检、维修，直至回收报废的全过程。

图1-29 车辆识别代码(VIN 码)

车辆识别码包含了车辆生产的国家、厂家、年代、车型、变速器、发动机型号及组装地点等信息。正确解读 VIN 码，对于我们正确地识别车型、诊断和维修都具有十分重要的意义。

为了与国际汽车市场接轨，方便简化车辆识别信息检索，提高车辆故障信息反馈的准确性和效率，国家相关部门从 1995 年开始着手车辆识别代码的研究，于 1996 年完成了有关车辆识别代号的报批工作，并制定了四个重要标准。

(1)《道路车辆　车辆识别代号(VIN)　位置与固定》(GB/T 16735—1997)。

(2)《道路车辆　车辆识别代号(VIN)　内容与构成》(GB/T 16736—1997)。

(3)《道路车辆　世界制造厂识别代号(WMI)》(GB/T 16737—1997)。

(4)《道路车辆　世界零件制造厂识别代号(WPMI)》(GB/T 16738—1997)。

这四个标准等同采用了国际 ISO 标准。1998 年，国家机械工业局发布了有关使用 VIN 的规定，使之在同年 10 月 1 日成为汽车行业的强制性标准，使我国向建立世界统一的车辆识别系统迈出了极为重要的第一步。2004 年，国家相关部门推出《道路车辆　车辆识别代号(VIN)》(GB 16735—2004)标准,对 GB/T 16735—1997 和 GB/T 16736—1997 进行补充和代替。

二、汽车 VIN 码的解读

如图 1-30 所示,17 位 VIN 码由三个部分组成:第一部分是世界制造厂识别代号(WMI),是必须经过申请、批准和备案才准使用的世界制造商识别代码,由 3 位字码组成;第二部分是车辆说明部分(VDS),表达车辆的特征和特性,由 6 位字码组成;第三部分是车辆指示部分(VIS),制造厂为区别不同车辆而指定的一组字码,由 8 个字码组成。这组字码连同 VDS 部分一起,足以保证每个制造厂在 30 年之内生产的每辆汽车的识别代码具有唯一性。在 17 位 VIN 码车辆识别代码中,仅能采用国际认可的阿拉伯数字和大写的英文字母,即 1234567890 和 ABCDEFGHJKLMN(字母 I、O 和 1 与 Q 和 0 相近不能使用)。

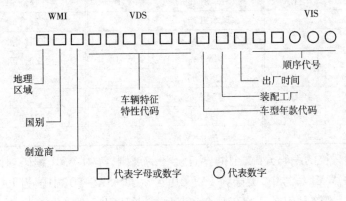

图 1-30 汽车识别代码(VIN)

1. 第 1 位——生产国家代码(世界地理区域)

第 1 位用 0~9 或 A~Z 中的一个字符表示。每一个字符代表相应的地理区域,如美国、中国等。地理区域的分配规则如下:1~5 为北美,6~7 为大洋洲,8、9 和 0 为南美洲,A~H 为非洲,J~R 为亚洲,S~Z 为欧洲。表 1-2 所列为主要汽车生产区域的国家代码。

主要国家代码表　　　　　表 1-2

国　家	代　码	国　家	代　码	国　家	代　码
美国	1	日本	J	瑞士	T
加拿大	2	韩国	K	法国	V
墨西哥	3	中国	L	德国	W
澳大利亚	6	瑞典	Y	巴西	9
英国	S	意大利	Z		

从上表可知,在中国制造的汽车,VIN 码的第 1 位都是 L,如果不是 L,说明这辆汽车不是在中国生产制造的。

2. 第 2 位——汽车制造商代码

由各国给本国的汽车制造商一个代码,这个代码是 0~9 和 A~Z 中的一个字符。表 1-3 为主要的汽车制造商代码。从表中可以看到,有些制造商的代码相同,这是因为在不同国家申请所致。在同一个国家,不会出现相同的制造商代码,所以第 2 位的制造商代码要与第1位的国家代码结合才能正确区别。

主要汽车制造商代码表 表1-3

汽车制造商	代码	汽车制造商	代码	汽车制造商	代码
进口奔驰汽车 Mercedes	D、W、B	雪佛兰 Chevrolet	1	进口丰田 Toyota	T
北京奔驰汽车 Mercedes	E	奥兹莫比尔 Oldsmobile	3	一汽丰田 Toyota	T
进口奥迪 Audi	A 或 R	凯迪拉克 Cadillac	6	广汽丰田 Toyota	V
一汽奥迪 Audi	F	克莱斯勒 Chrysler	C	进口马自达 Mazda	Z 或 Y
进口通用别克 Buick	4	通用庞蒂克 Pontiac	2	一汽马自达 Mazda	S
上海通用别克 Buick	S	庞蒂亚克 Pontiac	5	上海汽车	S
进口现代 Hyundai	M	加拿大 GM Canada	7	神龙汽车	D
北京现代 Hyundai	B	进口本田 Honda	H	奇瑞汽车	S
福特 Ford	F	广汽本田 Honda	H	江铃汽车	E
美国通用汽车 General	G	东风本田 Honda	V	长城汽车	G
林肯 Lincoln	L	东风日产 Nissan	N	广州标致	D
英菲尼迪 Infiniti	N	吉普 Jeep	J	比亚迪汽车	
普利茅斯 Plymouth	P	长安铃木 Suzuki	G	哈飞汽车	K
道奇 Dodge	B	吉利汽车	6	五菱汽车	Z
沃尔沃 Volvo	V	一汽-大众	F	江淮汽车	J
雷克萨斯 Lexus	T	宝马 BMW	B		

第1位和第2位的编码分配,全世界有统一的规则,称为WMI编码规则,如表1-4所示。由此表可知,WMI编号中,美国为1A～10、4A～40、5A～50,中国为LA～L0。在中国境内制造的汽车,不管是国产品牌还是合资品牌或者是国外进口件组装的品牌,其产品的WMI编号必须以L开头。

汽车WMI编号规则 表1-4

WMI	区域	国　　　家
A～H	非洲	AA～AH=南非
J～R	亚洲	J=日本、KL～KR=韩国、LA～LZ 和 L0～L9=中国、MA～ME=印度、MF～MK=印度尼西亚、ML～MR=泰国、PA～PE=菲律宾、PL～PR=马来西亚
S～Z	欧洲	SA～SM=英国、SU～SZ=波兰、TA～TH=瑞士、TJ～TP=捷克、TR～TV=匈牙利、VA～VE=奥地利、VF～VR=法国、VS～VW=西班牙、VX～V2=南斯拉夫、XL=荷兰、XS～XW=苏联(解体前使用号段)、X3～X0=俄罗斯、YA～YE=比利时、YF～YK=芬兰、YS～YW=瑞典、ZA～ZR=意大利
1～5	北美洲	1A～10、4A～40、5A～50=美国、2=加拿大、3=墨西哥
6～7	大洋洲	6A～6W=澳大利亚、7A～7E=新西兰
8～0	南美洲	8A～8E=阿根廷、8F～8J=智利、8X～82=委内瑞拉、9A～9E、93～99=巴西、9F～9J=哥伦比亚

注:当制造厂的年产量少于500辆的时候,制造厂识别代码的第三个字码就是9。

一些汽车制造商在不同的国家有各自的厂家,也就有不同国别的制造商代号。如日本的本田汽车,在不同国别的本田制造商代码如表1-5所示(第1位国别,第2位制造商,第3位车型代码)。

项目一 汽车使用性能评价

同一制造商不同国别生产的汽车 WMI 编号　　　　　表 1-5

JHM	1HG	2HG	3HG	LVH	LHG
日本本田	美国本田	加拿大本田	墨西哥本田	中国东风本田	中国广州本田

3. 第 3 位——车系代码（车型代码）

第三位用于区别，如轿车、客车、货车、电动车、越野车等不同车系或者不同的制造厂，只有一个车系的制造商，常常将其用作汽车型号代码。第 3 位代码也是 0~9 和 A~Z 中的一个字符，代表制造厂或者型号，不同的厂商有不同的解释，有些厂商可能使用前 3 位组合表示特定的品牌。例如，奥迪汽车，瑞士奥迪用 TRU 代表，德国奥迪用 WAU 代表，中国奥迪用 LFV 代表。奔驰 Mercedes Benz，前三位用 4US 或者 WBA 或者 LEE 表示；马自达 Mazda 用 1YV 或者 JM1 或者 LSZ 表示；现代 Hyundai 则用 2HM 或者 KMH 或者 LBE 表示。

广州本田汽车型号见表 1-6。

常见世界汽车制造厂商识别代号见图 1-31。

广州本田汽车型号一览表　　表 1-6

型　　号	型号代码
雅阁 ACCORD	CF9、CG5、CG1、CM5、CM6
奥德赛 ODYSSEY	RA6、RB1
飞度 FIT	GD1、GD3
思迪 CITY	GD6、GD8
飞度 Saloon	GD6、GD8

图 1-31　世界汽车制造厂商识别代号

4. 第 4~8 位——车辆特征码

第 4~8 位（车辆特征）代码，是发动机、变速器及总成等的对照码，同样由 0~9 和 A~Z 等字符表示。

车辆特征代码应能识别车辆一般特征，其代号顺序由制造厂决定，各厂编制会有些差异。一般厂家描述汽车的层次为：品牌→型号→款式→详细数据。在 VIN 代码中，款式和详细数据（包括发动机、变速器、制动系统及车型、类型等）由第 4~8 位描述。如果制造厂不用其中的一位或几位字码，应在该位置填入选定的字母或数字占位。常见分类如表 1-7 所示。

第 4-8 代号的内容　　　　　表 1-7

类型	轿车	MPV 车	载货车	客车
第 4 位	种类	种类	型号或种类	型号或种类
第 5 位	系列	系列	系列	系列
第 6 位	车身类型	车身类型	底盘和驾驶室类型	车身类型
第 7 位	发动机类型	发动机类型	发动机类型	发动机类型
第 8 位	约束系统类型	车辆额定总质量	制动系统及车辆额定总质量	制动系统

5. 第9位——校验位

第9位只能为数字0~9或者X,其产生要按照国家规定的加权计算方法得出,以检验该车代码的正确性。校验码的计算方法如下:

给VIN码中指定位的加权系数加权,方法如下:第1位8、第2位7、第3位6、第4位5、第5位4、第6位3、第7位2、第8位10、第9位为校验位、第10位9、第11位8、第12位7、第13位6、第14位5、第15位4、第16位3、第17位2。

对于代码中的字母,要给予赋值,以便于计算,赋值关系如下:A=1、B=2、C=3、D=4、E=5、F=6、G=7、H=8、J=1、K=2、L=3、M=4、N=5、P=7、R=9、S=2、T=3、U=4、V=5、W=6、X=7、Y=8、Z=9。

计算校验码方法,将第9检验位之外的每一位的加权系数乘以此位的对应值,再将各乘积相加,求得的和除以11,所得的余数就是检验位的数值。如果余数为10,则检验位为字母"X";如果余数为0~9的数值,则为对应的值。

6. 第10位——车型年份代码

第10位是车辆的年份代码。年份,是指制造车辆的公历年份或制造厂决定的车型年份。具体见表1-8所示,代码由0~9和A~Z等字符表示(在年份代号中没有字母I、O、Q、U、Z和数字0),从1~Y,30年一个轮回。

车身年款代码表　　　　　　　　　　　　　　　　　　　　　　　　　　　表1-8

年份	代码	年份	代码	年份	代码	年份	代码
1971	1	1982	C	1993	P	2004	4
1972	2	1983	D	1994	R	2005	5
1973	3	1984	E	1995	S	2006	6
1974	4	1985	F	1996	T	2007	7
1975	5	1986	G	1997	V	2008	8
1976	6	1987	H	1998	W	2009	9
1977	7	1988	J	1999	X	2010	A
1978	8	1989	K	2000	Y	2011	B
1979	9	1990	L	2001	1	2012	C
1980	A	1991	M	2002	2	2013	D
1981	B	1992	N	2003	3	2014	E

注:在年份代号中没有字母I、O、Q、U、Z和数字0。

7. 第11位——装配厂代码

第11位代码表示汽车装配厂,由0~9和A~Z等字符表示,不同的厂家有不同的代号。例如,广州本田生产厂代码,指车辆装配生产的厂家,见表1-9。

汽车装配厂代码　　　　　　　　　　　　　　　　　　　　　　　　　　　表1-9

代码	生产装配工厂	代码	生产装配工厂
C	日本本田技研株式会社狭山工厂	S	日本本田技研株式会社铃鹿工厂
A	美国俄亥俄州本田工厂	2	广州本田汽车有限公司黄埔工厂
8	广州本田汽车有限公司增城工厂		

8. 第 12～17 位——汽车出厂顺序号

第 12～17 位代码中,第 12 位是出厂时间代码;第 13～17 位是出厂顺序号的代码。其代码由 0～9 和 A～Z 等字符表示,具体由厂家编写,但最后四位必须是数字。

9. 个案解释

红旗轿车的识别代码 LFPH4ACB411C02008 解读(表 1-10)。

红旗轿车的车架号　　　　　　　　表 1-10

VIN	WMI			VDS(车辆特征码)					VIS(序号码)						
编号	L	F	P	H	4	A	C	B	4	1	1	C	0	2	0	0	8
位数	1	2	3	4	5	6	7	8	9	10	11	12	13	14	15	16	17

第 1 位:L,代表中国。

第 2 位:F,代表一汽轿车股份有限公司。

第 3 位:P,代表红旗轿车。

第 4 位:H,代表红旗 CA7180 和 CA7202 系列。

第 5 位:4,代表发动机为 CA7180 和 CA7202 系列等。

第 6 位:A,代表发动机类型及配置代码,发动机为 CA7180 和 CA7202 系列等。

第 7 位:C,代表车身形式代码,为 CA7180 和 CA7202 系列等。

第 8 位:B,代表安全保护装置代码,为 CA7180 和 CA7202 系列等。

第 9 位:4,代表校验码。

第 10 位:1,代表 2001 年。

第 11 位:1,代表装配厂,是一汽轿车股份有限公司装配的车。

第 12 位:C,代表生产线代码。A 是加长线,B 是大红旗线,C 是直属总装线。

第 13～17 位:02008,是该车辆制造的出厂顺序号。

上海大众帕萨特轿车的识别代码 LSVCC2A42CN013984 解读(表 1-11)。

上海大众帕萨特轿车的车架号解读　　　　表 1-11

VIN	L	S	V	C	C	2	A	4	2	C	N	0	1	3	9	8	4
位数	1	2	3	4	5	6	7	8	9	10	11	12	13	14	15	16	17
1	制造厂识别代码:中国上海大众汽车有限公司						7			车辆等级代码:A4							
2							8										
3							9			检验代码:2							
4	车身形式代码:新帕萨特轿车 PASSAT、四门加长型折背式车身						10			生产年份代码:2012 年							
5	发动机/变速器代码:1.8TSi CEA 型汽油发动机,国Ⅳ,功率:118kW,配套 6 速自动变速器						11			生产装配工厂代码:产地上海大众汽车有限公司(江苏南京)							
6	乘员保护系统代码:安全气囊(驾驶人和副驾驶人、前座侧面)						12～17			工厂生产顺序代码:013984							

三、车辆识别代码的位置

车辆识别代码在汽车上的设置,各国汽车生产厂家的各类车型不尽相同。对识别代码存放位置的要求是,除了车门外,应设置在不移动车辆时就可以容易读出的地方。如图

1-32所示,车辆识别代码常常保存在两个地方,一个隐藏在发动机舱里,打在发动机上方的车身上,便于拓号用;一个显示在方便察看的地方。

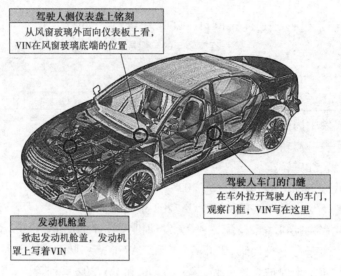

驾驶人侧仪表盘上铭刻
从风窗玻璃外面向仪表板上看,VIN在风窗玻璃底端的位置

驾驶人车门的门缝
在车外拉开驾驶人的车门,观察门框,VIN写在这里

发动机舱盖
掀起发动机舱盖,发动机罩上写着VIN

图1-32 VIN常见位置

欧洲共同体规定,识别代码安装在汽车右侧的底盘车架上或标写在厂家铭牌上;中国和美国规定,识别代码安装在驾驶室仪表板左侧,如图1-33所示,在车外透过风窗玻璃可以清楚地看到并便于检查。

图1-33 识别代码安装位置

部分车的驾驶室左上方,没有合适的地方张贴车架号,因此一般就固定在门铰链柱、门锁柱或与门锁柱接合的门边的柱子上;如果这些地方不能利用,则固定在车门内侧靠近驾驶人座位的地方。如果上述位置也不能利用,则要向国家管理部门书面申请,确定一个合适的地方。

项目二 汽车上牌

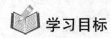 **学习目标**

完成本项目学习后,你应能:

1. 知道机动车注册登记的必要性和《机动车登记规定》(公安部令第72号)的有关内容;

2. 结合当地具体情况正确拟定上牌流程图,正确完成办理机动车注册登记的相关手续;

3. 知道汽车主要险种的含义及投保程序,分析不同类型的车辆所有者,正确制定出不同的投保组合方案;

4. 知道机动车理赔的基本常识、理赔步骤,按照正确的程序办理保险理赔。

 建议课时:6课时。

当用户购买新车后,依照《中华人民共和国道路交通安全法》有关规定,必须办理汽车的注册登记、上牌等相关手续,汽车才能合法上路行驶。这既有利于有关部门的规范管理,明确车主对车辆的所有权,也是汽车安全行驶的最大保障。同时,随着汽车数量的急剧增加,车主将面临道路通行不畅、交通事故频发等一系列交通安全问题,车辆保险是规避事故风险的一种非常重要的手段。本项目带领大家学习汽车的注册、上牌与保险的相关知识。

课题一　汽车注册与上牌

汽车作为一种特殊的商品,在购买及落户方面,较普通商品要复杂得多。办理汽车的注册登记、上牌在各地的规定有所不同,但基本流程相差无几,主要流程如图2-1所示。

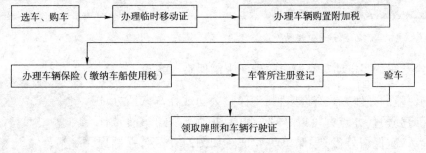

图2-1　汽车的注册登记与上牌流程

一、办理临时移动证

临时移动证一般在购车时由汽车经销商提供,以便于新车去办理注册登记和验车上牌(图2-2)。

◎**温馨提示**：自购车日起计，临时移动证有效期为15日。

二、到税务部门缴纳车辆购置附加费

1.办理地点

车辆购置附加费由税务局税收征稽大厅或交通部门代收(图2-3)。

2.办理时需要提供的材料

车主(及经办人)身份证复印件；车辆合格证复印件；购车发票(或进口车许可证、关税单、海关货物进口证明书)。

3.征收标准

按照国家现行的政策和标准征收汽车购置税，一般征收标准为：国产车 = 车价 × 10%；进口车 = (到岸价 + 关税 + 消费税 + 增值税) × 10%。

4.办理结果

完税之后，可以领到一张《税收通用完税证》和一本《车辆购置税完税证明》(随车携带用)，如图2-4所示。

图2-2　车辆临时移动证

◎**温馨提示**：车购税的缴税金额并不是按照购车发票上的实际成交价来计算，而是以税务部门建档时该车型的"车辆计税价格"为计税依据。

图2-3　到税务局缴纳车辆购置费

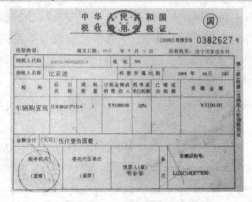

图2-4　车辆购置完税证明

三、给新车购买机动车交通事故责任强制保险

车辆保险的办理方式有许多种，到保险公司或在车管所办证大厅的保险公司代办点都可以办理。购买机动车交通事故责任强制保险后，应保留好发票、保单等凭证。如图2-5所示，强制保险标志黏贴在车前以便查验，新车入户或车辆年审则需提交保单第三联。必须购买机动车交通事故责任强制保险后才可以办理入户，其他车辆险种可在车辆入户后购买，详细内容参见本项目课题二。

图2-5　强制保险标志

◇ **温馨提示**：使用车辆需要上缴车船使用税，按年度上缴，在办理机动车交通事故责任强制保险时，通常保险公司会代缴，可以一起办理。

四、到车管所登记注册

在车管所实际办理车辆登记注册时，一般按表2-1所示步骤进行。

车辆登记注册流程　　　　　　　　　　　　　　　　表2-1

步骤	内容	说明
1.办理车辆登记注册需要提供的相关资料	车辆的来历凭证	汽车的合格证：汽车合格证是证明该车为正规汽车厂家生产的国家汽车目录注册的合格产品 购车发票：购车发票是证明该车为车主合法所得。如果是进口汽车，则是国家海关或国家工商总局核发的《货物进口证明书》和国家定点销售进口车辆单位的专用发票
	车主的身份证明资料	个人自用车辆，以个人名义进行注册登记，需要提供车主本人的身份证原件。如果车主本人户籍地与车辆注册地不一致，除车主本人身份证外，还需要车主在当地的有效暂住证 单位用车，以单位名义注册登记，需要提供单位的《法人代码证书》和市标准局核发的单位登记IC卡
	车辆购置附加税凭证	汽车购置税在税务局办理，按照国家现行的政策和标准征收
	机动车交通事故责任强制保险凭证	需要交验机动车交通事故责任强制保险单第三联单
2.输入信息，生成《车辆注册/转入登记申请表》	《车辆注册/转入登记申请表》	以个人名义进行注册登记的，《车辆注册/转入登记申请表》只需车主本人签名；如果是以单位名义登记的则需单位盖章
3.检验	非免检车型，需要通过检测线进行检验	检验包括： 外观检验——查看车架号、发动机号、车辆外观有无明显外伤破损、改装等； 环保检验——检验汽车尾气排放和噪声； 安全性能检验——前束、制动、灯光、喇叭、转向盘的自由行程和灵敏程度等

续上表

步骤	内容	说明
4.核对技术参数	查看主要技术参数是否相符	根据汽车合格证注明的车型,按照国家公布的上牌车辆技术参数光盘目录与车辆进行核对,主要是外形尺寸、主要部件的型号数量(如发动机、轮胎)、整车质量和总质量等
5.登记审核	审核并录入资料	审核各项凭证资料是否齐全、真实、有效,并将相关凭证资料留存建档,将车主及车辆的基本信息录入计算机系统,出具受理凭证或给予登记证书
6.选号或自主编号	用户网上自主编号流程	登录当地车管所网上服务平台注册登录
		进入机动车网上自编车牌界面并按界面上的提示进行操作
		开始自编或自选车牌号码
		选择到自己心仪的车牌号后,不要忘记点击确定激活号牌
		根据反馈信息,把流水号记录下来,在机动车登记注册时提供给经办人员
7.装牌照相	装号牌及照相	领取号牌,在指定的地点装牌照相
8.领证	领取行驶证等证件	领取《中华人民共和国机动车行驶证》、《中华人民共和国机动车登记证书》、检验合格标志,现在汽车就可以合法上路行驶了

五、缴纳税费

汽车领取牌证以后,还需要到指定场所缴纳使用税费,主要有车船使用税、路桥通行费等,各地有所差异。逾期缴纳,将被征收滞纳金甚至罚款(图2-6)。

◇温馨提示:

1.车船使用税:根据《中华人民共和国车船使用税暂行条例》的规定,"凡在中华人民共和国境内拥有并且使用车船的单位和个人,为车船使用税的纳税义务人,都应当依照本条例的规定缴纳车船使用税。"车船使用税是地税局征收的税种,实行按年征收,税额幅度为60~660元/年/车之间,依据《车辆税额表》确定。

2.养路费:养路费目前已附加在燃油费内。

图2-6 缴纳税费

课题二 汽车保险

一、汽车保险的含义、种类和投保方案的选择

1. 汽车保险的含义

汽车保险是保险公司通过收取保险费的形式建立保险基金,并利用保险基金对机动车辆因自然灾害或意外事故所造成的人身伤亡或财产损失,负责赔偿的一种经济补偿制度。车辆拥有者通过投保汽车保险,防范和化解自身风险(图2-7)。

图2-7 汽车保险化解风险

2. 汽车保险的种类

当前,我国汽车保险分为机动车交通事故责任强制保险、基本险和附加险等种类,如表2-2所示,其中附加险不能独立保险。

我国汽车保险分类　　　　　　　　表2-2

汽车保险种类	交强险	第三者责任险强制性险种,属于必保项目
	基本险	车辆损失险、第三者责任商业险
	附加险	车辆损失险、全车盗抢险、车上责任险、不计免赔特约险、自燃险、玻璃单独破碎险、新增设备损失险、无过失责任险、车载货物掉落责任险、车辆停驶损失险、车身划痕损失险等

"交强险"是机动车交通事故责任强制保险的简称,它是我国首个由国家法律规定实行的强制保险制度。交强险是由保险公司对被保险机动车发生道路交通事故造成受害人(不包括本车人员和被保险人)的人身伤亡、财产损失,在责任限额内予以赔偿的强制性责任保险。新车和在用车每年均要按时购买交强险,否则新车不能入户,在用车不能参加年检。

各保险公司提供备选的其他商业险品比较多,常见的商业险品如表2-3所示,车主不可能购买全所有险种,要根据自身需求进行选择。选择的险种越多,所获得的保障也就越全面;选择的保额越高,保险公司的赔付比例也越高。相反,选择的险种少、保额低,车主所获得的保障就有限,但同时所交纳的保费也少。

常见汽车商业保险品种　　　　　　　　　　　　　表2-3

序号	汽车险品	内容
1	第三者责任商业险	负责保险车辆在使用中发生意外事故造成他人(即第三者)人身伤亡或财产直接损毁的赔偿责任
2	车辆损失险	负责赔偿因自然灾害或意外事故造成的保险车辆自身的损失; 车辆损失险金额可以按投保时的保险价值或实际价值确定,保险金额不能超出保险价值。保险金额是保险公司对车辆损失的最高赔偿限额,车辆全损时在保险金额内按车辆折旧后的实际价值进行赔偿,车辆部分损失时按照损失金额乘以保险金额与新车价格的比例进行赔偿
3	全车盗抢险	负责赔偿保险车辆因被盗窃、被抢劫、被抢夺造成车辆的全部损失,以及期间由于车辆损坏或车上零部件、附属设备丢失所造成的损失。盗抢险保险金额不得超过购车发票金额; 为了节省保费并获得较为全面的保障,应根据车辆的使用年限来确定保险金额,即按照车辆年折旧后的车辆实际价值进行投保,车辆实际价值计算公式为:车辆实际价值=新车市场售价×(车辆已使用月数×车辆月折旧率0.6%)
4	车上人员责任险	负责保险车辆发生意外事故造成车上人员人身伤亡和车上所载货物直接损毁的赔偿责任; 投保了本保险的机动车辆在使用过程中,发生意外事故,致使保险车上所载货物遭受直接损毁和车上人员的人身伤亡,依法应由被保险人承担的经济赔偿责任,以及被保险人为减少损失而支付的必要合理的施救、保护费用,保险人在保险单所载明该保险赔偿限额内计算赔偿
5	不计免赔特约险	在同时投保了车辆损失险和第三者责任商业险的基础上方可投保不计免赔特约险。保险公司对车损险、商业三者险赔付都设定了免赔率,保险公司根据事故的不同情形规定了5%~30%的不予赔付部分,这部分要由车主自己承担损失,负全部责任的免赔20%,负主要责任的免赔15%,负同等责任的免赔10%,负次要责任的免赔5%,其目的在于增强车主或驾驶人的安全意识,努力避免事故的发生。如果投保了不计免赔率险,保险公司对设定的不予赔付部分也要承担赔偿责任
6	玻璃单独破碎险	负责车辆发生意外,玻璃单独破碎时的赔偿; 玻璃破碎的赔偿分两种情形:因车辆碰撞等原因导致车辆受损的同时,如果玻璃也有破碎,只要投保了车损险就可以得到保险公司的赔偿,赔偿的险种是车损险;如果车辆其他部位没有受损,只是车辆玻璃破碎时,车损险不予赔偿,只能通过投保玻璃单独破碎险得到保险公司赔偿

续上表

序号	汽车险品	内　　容
7	自燃险	负责赔偿保险车辆在使用过程中,因本车电气设备、线路、供油系统发生故障及运载货物自身原因起火燃烧,造成保险车辆的损失,以及被保险人在发生本保险事故时,为减少保险车辆损失所支出的必要合理的施救费用
8	新增设备损失险	负责赔偿被保险人在保险车辆原有附属设备外,加装或改装的设备与设施因事故遭受的损失。如添加的高级音响设备、真皮或电动座椅等设备

3. 投保方案的选择

如何选择险种和确定保额,以较少的投资获得最大的风险保障,可以向保险公司咨询(图2-8)。同时,车主应根据自己的经济实力与实际需求进行投保。除机动车交通事故责任强制保险属于非投不可的险种外,投保项目越多,得到的保障就越全面,而所需投入的保险费也越高。所以选择险种要适当,同时还要善用保险公司的优惠条款。表2-4所示是五种机动车辆保险方案,可以供车主投保时参考。

图2-8　汽车保险咨询服务

机动车保险方案　　　　　表2-4

序号	方案	险种组合	特征	适用对象	特点
1	最低保障方案	第三者责任险(交强险)	最低保障,费用低	急于办牌照或验车	只交纳最低保费,出险后负担重
2	基本保障方案	车辆损失险+交强险+商业三者险	费用适度,提供基本的保障	有一定经济压力的个人	必要性最高,保障不全
3	经济保障方案	车辆损失险+交强险+不计免赔率险+盗抢险	投保最必要、最有价值的险种	最合适个人	最有价值的险种,保险性价比最高;但保险不够完善

续上表

序号	方案	险种组合	特征	适用对象	特点
4	最佳保障方案	车辆损失险+交强险+商业三者险+车上责任险+玻璃单独破碎险+不计免赔率险+盗抢险	在经济投保方案上,加入车上乘客及车辆易损部分的保障	合适不固定驾驶人的单位或个人车辆	投保价值大的险种,保险费用较高
5	完全保障方案	车辆损失险+交强险+商业三者险+车上责任险+玻璃单独破碎险+不计免赔率险+新增加设备损失险+自燃险+盗抢险+驾驶座位险等	车辆全险,保障齐全	新车车主和经济充裕的车主	全部事故损失都能得到赔偿,险保费用过高

◎**温馨提示**:车辆保险为车主提供了意外保障,出险时,保险公司为车主提供全程服务,特别是涉及对方人员损伤时,保险公司会为车主与对方协商或对医疗提供垫资和进行监督,为车主处理交通事故减少许多麻烦。建议除交强险外,至少应购买商业三者险及商业三者不计免赔特约险。

二、汽车保险的办理程序

市场上的保险公司众多,车主在选择保险公司时最关心的两个问题:一是经济实惠,二是服务到位。优先选择具有良好信誉的保险公司投保,可避免今后理赔时出现不必要的烦心事。办理汽车保险时,投保人需要提供的资料有:机动车行驶证(没入户的新车提交机动车销售统一发票及车辆出厂合格证)、投保人身份证。汽车保险办理基本程序如下:

1. 了解保险相关条款与费率

不同地区汽车保有量、道路状况、治安状况不同,危险因素也就不一样,这是拟定费率的依据。新车险条款的理念是,费率的高低与驾驶人相关,所保车辆一年不出险,可优惠保费的10%。第二年不出险可优惠20%,最高优惠到30%。如果同一辆车一年出险两次,第二年就要提高保费5%,如果出险三次就要提高10%(图2-9)。

图2-9 了解保险条款与费率

2.选择中意的保险公司

保险公司的评判标准:资产结构好;偿付能力强;信用等级优;管理效率高;服务质量好。

3.了解投保险种的保险费计算

一年保费按照下列公式计算如表2-5所列。

一年保费计算公式　　　　　　　　　　表2-5

序号	计算公式
1	第三者责任商业险保险费=相应档次固定保险费
2	全车盗抢险保险费=盗抢险保险金额×费率
3	车上人员责任险保险费=每座赔偿限额×投保座位数×费率
4	不计免赔特约险保险费=(车辆损失险+第三者责任险)保险费×费率
5	玻璃单独破碎险保险费=车辆保险价值×费率
6	自燃险保险费=此险保险金额×费率
7	新增设备损失险保险费=此险保险金额×车辆损失险费率

4.仔细阅读投保单

打印出投保单后,特别要注意查看保险车辆情况:汽车本身资料(号牌号码、厂牌型号、发动机号、车架号、车辆种类、座位/吨位、车辆颜色)、车的使用性质,投保险种及期限;保险金额和赔偿限额(分险种列明,主险、附加险),期限通常为一年等相关内容是否打印有误,出现差错要及时提出更正(图2-10)。

5.交纳保险金,收取正式保单

(1)投保单:是投保人申请投保保险的一种书面凭证。投保单通常由保险公司提供,由投保人填写并签字或盖章后生效。保险公司根据投保人填写好的投保单内容出具保险单正本。

(2)保险单:也叫保险单正本,是保险公司与投保人订立保险合同的书面证明。保险单由保险公司出具,主要载明保险公司与被保险人之间的权利、义务关系。它是被保险人向保险公司进行索赔的凭证(图2-11)。

图2-10　看清保单再签字

图2-11　弄清保险单生效日期

◎温馨提示：当接到保险单证时，车主一定要认真核对，查看单据第三联是否采用了白色无碳复写纸印刷并加印浅褐色防伪底纹，其左上角是否印"中国保险监督管理委员会监制"字样，右上角是否印有"限在××省（市、自治区）销售"的字样，如果没有可拒绝签单。

6. 审核保单

得到保单正本后，车主应及时核对保单上所列项目，如车牌号、发动机号等，如有错漏，要立即提出更正，并应根据投保单上所列的车辆情况、驾驶人情况和保险公司的《机动车辆保险费率标准》，逐项确定投保车辆的保险费率。核保的具体步骤包括：审核投保单、查验车辆、核定费率、计算保费、复核五个环节（图2-12）。

三、汽车出险的理赔程序

当保险车辆出现交通事故时，车主应遵循保险公司的要求和流程逐项完成理赔过程，大致的理赔简易流程如下。

1. 车辆出险后及时报案

车辆出险后，首先要在第一时间向各自承保公司和交通管理部门报案，告知保险公司损坏车辆所在地点，以便对车辆查勘定损，如图2-13所示。这样做，一方面让保险公司知道投保人出了交通事故，另一方面也可以向保险公司咨询如何处理，保护现场。

图2-12　仔细核对保单

拍摄车辆损失部位并现场上传定损系统

图2-13　车辆查勘定损

2. 取得交警证明

出示车辆行驶证、驾驶证、身份证，现场由交警填写《交通事故责任确认书》。交警根据各方陈述，对事故进行勘察后作出事故认定及责任划分，如无争议，填写《交通事故责任确认书》，车主签字确认。

3. 填写出险单

出示上述三证和保险单证，保险公司理赔员完成现场查勘初步定损工作，签收审核索赔单证，填写《机动车辆保险出险/索赔通知书》，双方签字确认。

4. 理赔员审核定损

事故确认完毕，各方车辆应立即到车险理赔服务点的驻场定损点进行损失确定，填写《机动车保险事故车辆损坏项目确认单》。如无争议，双方签字确认，理赔员开具任务委托单，确定维修项目及维修时间（图2-14）。

现在很多大城市都已经设立了交通事故快速处理中心，在快速处理中心里，可以很方便地进行事故定损和维修。

图2-14　保险定损后才能维修

5. 送修理厂修理

在保险公司推荐的定点修理厂修理事故车(图2-15),修好车辆后将索赔材料交给修理厂,并向修理厂出具一份向保险公司代为索赔的委托书,然后支付自己应该支付的部分修理费(如保险公司免赔的部分),就可以直接提车了。如果不是在定点修理厂修理车辆,则需要预先支付修理费,再到保险公司的理赔部门索赔。

6. 保险公司复核后赔付结案

车辆修复及事故处理结案后,到保险公司车险理赔中心(图2-16)办理保险索赔。

图2-15　到保险公司定点修理厂修理

图2-16　车险理赔中心办理保险索赔

索赔所需资料有:

(1)机动车辆保险单正本原件、复印件。

(2)《机动车辆保险出险/索赔通知书》。

(3)相关行驶证、驾驶证、身份证复印件。

(4)相关赔款收据、汽车维修发票等原件。

(5)道路交通事故责任认定书。

四、汽车保险理赔的注意事项(图2-17)

(1)保险事故发生后,应在24h内通知交警,在48h内通知保险公司。

(2)车辆轻微刮擦或微小损失事故,尽可能不去保险公司理赔,以免既浪费时间,又增加了自己的出险率,减少来年得到的保险折扣。

(3)被别人撞了,如果找不到第三方,一定要保护好现场,通知保险公司。

(4)关于价格问题,要与保险公司及时沟通,避免救援公司或者修理厂的开价与保险公司的赔偿价格相差太大。

(5)对于定损时没有发现的车辆损失,应及时通知保险公司,由保险公司进行二次查勘定损。

(6)车辆修复以后,在支付修理费用和办理提车手续前务必对修理质量进行查验。

(7)被保险人自结案之日起,3个月内不向保险公司提出理赔申请,或自保险公司通知领取赔款之日起1年内不领取赔款,即视为自动放弃权益。

五、简单交通事故快速处理的理赔方法

简单交通事故指投保机动车交通事故责任强制保险(以下简称交强险)的机动车在道路上发生的、未造成人员伤亡,仅造成自身车辆损失且损失额在3000元以下或双方机动车财产损失各在2000元以下的交通事故。目前,为减少因交通事故对道路交通的影响,各地公安交警部门已对发生的情节简单、现场事实清楚且仅造成车辆损坏的交通事故一律采用快速处理,并不再受限于事故损失的大小。这就意味着,今后即使造成的事故损失数额较大,只要没有人员伤亡、不挡道,且事故当事人能够积极配合公安交警部门处理事故,公安交通管理部门对事故责任者可以免除或减轻处罚,仅由事故双方自行达成协议,进行经济赔偿即可(图2-18)。

图2-17 汽车保险理赔的注意事项

图2-18 交通事故快速处理理赔

简单交通事故快速处理的理赔方法如下:

(1)发生交通事故后,通知保险公司,用石笔标划事故发生时的停车位置,并自行协商确定事故责任后填写快速处理《协议书》(保险理赔员可提供)。

(2)办理定损时需提供:被保险人的有效身份证件、车辆行驶证、当事驾驶人的驾驶证、保险单;快速处理协议书(无需其他事故证明材料)。对于无责方交强险无责赔付案件,需无责方签署无责方交强险索赔申请书和交强险赔款索赔委托书。

(3)修车完毕,全责方需到保险公司提交:定损单和定损照片;双方车辆的修理发票和修理清单;双方行驶证、驾驶证复印件;全责方有效身份证明复印件;快速处理协议书;全责方保险公司要求填写的索赔申请书。对于无责方交强险无责赔付案件,除以上材料外,需另提供无责方索赔申请书、交强险赔款索赔委托书。

(4)领取赔款时,被保险人为个人且亲自办理的,需携带本人身份证原件。

◇**温馨提示**:快速处理交通事故必须具备以下条件:

(1)没有人员伤亡且双方机动车财产损失不超过2000元,或自身车辆损失额在3000元以下。

(2)事故当事人对事故责任无争议。

(3)事故车可以开动。

(4)事故当事人都为车辆购买了保险。

(5)事故当事人都愿意到同一地点定损。

六、异地事故申请保险理赔注意事项及方法

异地发生交通事故时,为了能顺利进行保险、理赔等,处理注意事项和方法如下:

1. 三种情况保险公司不理赔

(1)异地事故谨慎选择私了,其后保险不理赔。采用私了的处理方式,保险公司由于无法分清事故的责任,因此是可以选择拒赔的。所以,建议已购买相应保险的车辆,在自己利益没有得到足够保障的情况下,不要与对方私了(图2-19)。

(2)出保险后,车辆再次行驶的损坏不获赔。有关车险条款规定,当汽车发生事故后,驾驶人未经必要的修理就继续使用汽车,致使汽车损失扩大部分保险公司不理赔。所以,在异地发生交通事故时,车主须经过保险理赔员同意后,才可移动车辆(图2-20)。

(3)定损前不要维修车辆,否则保

图2-19 异地事故谨慎选择私了

险拒赔。在异地出险后,要注意立刻向保险公司报案。如先找修理厂修理后再找保险公司报销费用,保险公司会以无法定损为由而拒绝赔偿。

2. 异地交通事故正常的理赔流程

(1)先拍照取证。无论是在异地还是在本地,也无论是全责、主责还是次责,出了事故后,在第一时间先用相机或者手机把事故现场、双方车辆受损部分拍照留证,这样做更有利于办理理赔(图2-21)。

图2-20 出险后不要随意行驶车辆

图2-21 留下证据很重要

(2)及时拨打服务热线,使用全国通赔。

现在全国主流的保险公司都开通了全国通赔的服务,异地出现事故后只需要拨打保险公司全国统一服务电话,就可以在指引下快速完成异地报险、定损。随后的理赔也可在异地完成(图2-22)。

(3)及时报警,获取理赔所需的事故证明。事故发生后,车主应该赶紧向当地交警部门报案,等待执勤交警处理。如果采取交通事故快速处理办法或者私了,也应于48h内向当地交警部门报案。超过时限,保险公司有权拒赔(图2-23)。

图2-22　使用全国通赔　　　　　　图2-23　及时报警获取事故证明

◇**温馨提示**：在全国通赔较为方便的现在，处理异地事故出险的关键在于第一时间通知保险公司，然后现场拍照取证。如果采取私了的方式，也应留下对方的联系方式，以便后续需要对方协助时可以联系上对方。

项目三　汽车合理使用

学习目标

完成本项目学习后,你应能:
1. 了解汽车使用常识;
2. 知道汽车磨合的意义和汽车磨合期的驾驶、维护技巧;
3. 了解汽车省油方法,知道汽车省油的驾驶技巧与要求。

建议课时:8 课时。

汽车在正常使用情况下,机件磨损是导致汽车技术状况变差以致最后失去工作能力的主要因素。此外,汽车动力性下降、零件的腐蚀、维修及使用不当等因素也会直接影响汽车的使用寿命。因此,我们既要了解汽车使用性能,也要掌握车辆上配套的各类装置的使用方法,还要清楚汽车需要使用什么样的燃料、润滑油料等,这样才能够将汽车合理使用好。

课题一　汽车使用常识

一、汽车正常条件下的使用

我们购置使用一辆新车,在走合期结束后进行一次养护,汽车就进入正常使用阶段。汽车在正常使用阶段各零部件的磨损缓慢地增大,这一时期汽车技术状况最佳,正常、合理地使用汽车可以充分发挥汽车的技术效益和经济效益,提高汽车动力性、经济性、排放性、可靠性和安全性,降低汽车的使用成本,延长汽车的使用寿命(图3-1)。

1. 日常检查

驾驶人在每日首次起动发动机之前,应做好以下几方面的检查:

(1)围绕车辆转一圈,查看有无漏水、漏油的情况(图3-2)。

图3-1　新车进入正常使用期

(2)检视轮胎气压是否正常,轮胎表面是否存在划伤、扎伤,去除轮胎花纹夹缝上的石子等异物(图3-3)。

图3-2 绕车检查车辆外观　　　　图3-3 轮胎检查

（3）查看车身漆面。查看有无划伤、碰伤和剐擦（图3-4）。

（4）发动机部分的检查主要是油、液、电量的检查。如检查冷却液、制动液、玻璃清洗液等是否充足（图3-5）。

图3-4 查看车身　　　　图3-5 检查、加注玻璃清洗液

2.冷车起动

发动机冷车起动有一个自动的暖机过程，这时发动机处于快怠速工况，转速在1100r/min左右。随着发动机温度的升高，转速逐渐下降，当温度到达50℃左右时，暖机过程结束，发动机回到正常怠速工况，转速在850r/min左右。为了节约燃油和减轻对环境的污染，冷起动后可直接挂挡起步，缓慢加速，正常换挡行驶，不必等待暖机结束，但应注意控制发动机转速，不要超过2000r/min。当液温到达90℃左右时进入正常驾驶状态，在行驶中完成发动机的暖机过程（图3-6）。

图3-6 发动机正常液温在90℃左右

◎温馨提示：起动发动机时，不能踩下加速踏板。将钥匙转至ON位置停止等待5s左右，让油泵继电器吸合，防盗、ABS、气囊等系统自检完毕后，才将钥匙转至起动挡（STAR）起动发动机。同时，注意观察仪表板上的指示灯，如有红色指示灯亮，应进行检修。

二、汽车在特殊条件下的使用

汽车在严寒酷暑等特殊条件下使用时,各部件、总成的工作状况有很大的变化,使汽车的使用性能变坏。因此,对于使用上的特殊情况,必须掌握其特点和采取相应的措施,保证汽车的合理使用,保持汽车性能的正常发挥,延长汽车的使用寿命。

1. 汽车在低温条件下的使用

(1) 低温对汽车使用的影响。主要表现在:发动机起动困难,机件、总成磨损严重,燃料消耗增加,橡胶、塑料等特殊零件的性能变差,行车条件恶劣(图3-7)。

(2) 汽车低温条件下使用的技术措施。根据汽车在低温条件下的使用特点,汽车采取的技术措施主要有:预热、保温、合理选用燃料及润滑油、防冻等。

图3-7 汽车在低温条件下的使用

① 预热。长时间停放后的车辆,在严寒条件下起动对发动机进行预热,是改善混合气形成条件,提高燃料的蒸发性、雾化性,提高发动机在低温条件下起动性能的重要措施。现代汽车普遍使用防冻冷却液,在严寒环境停放已经不需要放水防冻。因此,不能采用往冷却系内加注热水的传统方法进行预热,可以用沸水、蒸气浇淋或喷射进气歧管和油底壳的方法,提高进气温度,促进汽油蒸发,提高润滑油温度,降低润滑油的黏度;柴油机应同时使用电热塞预热和进气歧管喷注起动液,改善起动条件,提高发动机的起动性能(图3-8)。

② 保温。对汽车发动机保温的目的在于使发动机在一定的热状况下工作及随时可以用车。在严寒地区对发动机保温,主要是对发动机和冷却液箱罩加装保温套和在发动机油底壳外表面封上一层玻璃纤维层等进行保温。蓄电池的保温可采用木质的保温箱。保温箱可做成夹层,并填充保温材料(图3-9)。

图3-8 对发动机进行预热

图3-9 汽车发动机保温

③ 合理选用燃料及润滑油。低温条件下使用的燃料,应具有良好的挥发性、流动性、低含硫量,以便起动和减少磨损、污染。可选用相应牌号的冬季燃油。发动机、变速器等应当换用黏度较低的冬季润滑油,改善零部件的润滑条件,并降低起动阻力。润滑油标号中"W"前面的数值表示油品的使用温度范围,0、5W、10W、15W、20W、25W等,数字越小表示其低温流动性越好,越能在低温条件下工作。后面的数值表示机油在100℃时的黏度,

级别有20、30、40、50、60,数字越大其黏度越高。如10W/40黏度等级兼顾了油品的高、低温性能,常称它为多级油,可以冬、夏通用(图3-10)。

④正确使用防冻冷却液。防冻冷却液主要由防冻剂、缓蚀剂、消泡剂、着色剂、防霉剂、缓冲剂等组成。在低温条件下使用防冻冷却液,是改善发动机低温起动性能和防止冷却系结冰的重要措施。随着汽车工业的发展,对发动机的性能要求也越来越高,不仅要求防冻液具有较低的冰点和较高的沸点,还应具有较好的金属防腐性、防气蚀性、防结垢性,以及对环境污染小或不污染环境,且有较长的使用寿命等方面的综合性能(图3-11)。

如图3-12所示,目前市面上的防冻冷却液大致有两类,一类为浓缩液,需要兑水使用。第二类,为"即买即用"型,防冻液在使用时无需兑水。此外,整车厂商还会推出原厂指定品牌防冻液,这类防冻液一般多为浓缩型,需兑水使用。而市面上销售的大部分"通用型"防冻冷却液则多为"即买即用"型。不同的车厂对原厂防冻液的建议更换周期会有所差异,但其中绝大部分厂商建议车主每2年更换一次车辆防冻液,也有部分厂商原厂防冻液更换周期为4年或5年。车主应按时进行更换。

图3-10 冬季用润滑油

图3-11 防冻冷却液

图3-12 防冻冷却液的选用

◎温馨提示:混合使用防冻冷却液易引起化学反应,生成沉淀物或气泡,降低使用效果,故不同牌号的防冻冷却液不要混合使用。在更换防冻冷却液时,应先将发动机冷却系统用净水冲洗干净,然后再加入新的防冻冷却液。

2.汽车在高温条件下的使用

(1)高温对汽车使用的影响。

在夏季炎热气温条件下使用汽车,由于气温高、灰尘多、雨量大和热辐射强等因素影响,使发动机技术状况发生变化,容易引起发动机工作温度过高;充气系数下降,发动机功率降低;燃烧不正常,产生爆燃和早燃;润滑油黏度下降,易变质,润滑性能变差;燃供系产生气阻出现间歇熄火等,使各重要部件磨损加剧,汽车使用性能变差(图3-13)。

(2)汽车在高温条件下使用的技术措施。

①适时进行季节维护。根据夏季气温高的特点,在夏季来临时对汽车进行季节性检查、调整和维护,给爱车降温防暑(图3-14)。

②防止爆震。为了防止爆震,应当严格按照车辆使用说明书要求选用相应标号的燃料。同时,应保持发动机的正常工作温度;检查火花塞的工作情况,清除积炭和调整火花塞电极间隙(图3-15)。

③轮胎防爆。因外界气温高,轮胎散热较慢,长时间工作易使气压过高出现爆胎。应

注意检查轮胎气压和温度,保持轮胎气压在标准范围。在酷热地区长时间行车时,应适当降低车速,行驶一定里程或途中休息时检查轮胎温度,发现轮胎温度过高或气压过大,应停车在阴凉处降温后再继续行驶。不得中途采用放气或冷水浇泼轮胎的方法来降低轮胎的气压和温度,以免加速轮胎损坏(图3-16)。

图3-13 汽车在高温条件下的使用

图3-14 注意降温

图3-15 清除火花塞积炭

图3-16 保持轮胎气压在标准范围

④检修空调系统。在高温、强烈阳光、多尘多雨环境下行车,驾驶人容易感到疲劳,影响行车安全。同时,影响乘客的舒适性。检修好空调系统,提高乘坐的舒适性对保障行车安全具有重大意义(图3-17)。

⑤防止汽车在高温环境发生自燃。夏季是汽车自燃的高发季节,很多时候汽车自燃都是可以避免的,车主们应多留意自己的爱车,以免汽车自燃(图3-18)。

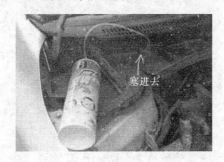

图3-17 检查、维护空调系统

图3-18 汽车自燃

预防汽车自燃的措施主要是：

a. 勤检查汽车。夏季车主应经常检查汽车的电路、油路，看看有没有受损的地方，及时发现及时解决。改装汽车一定要找专业修理厂请专业技师改装，所有的线路都要仔细连接，该加保险的地方一定要加保险（图3-19）。

b. 车内不要放置危险物品。很多车主喜欢在车内放置气体打火机、空气清新剂、香水盒等，殊不知这都是些易燃易爆物品，在太阳暴晒下有可能发生爆炸，从而引发汽车自燃（图3-20）。

图3-19 勤检查汽车的电路、油路

图3-20 车内不要放置危险物品

c. 把爱车停放在阴凉处。在高温天气里，特别是中午太阳最毒的时候，要把爱车转移到有阴凉的地方。例如树荫下、房屋背面、车棚下面、车库里等。避免太阳直射能有效预防汽车自燃。

d. 提前判断自燃现象。汽车发生自燃之前都有一个过程，刚开始能闻到一股焦煳味。但当汽车在行驶中时，驾驶人在车前部一般看不到异常情况。如果在车窗后面或通过反光镜看到车后有蓝色或黑色烟雾发出时，应立即停车并熄火，关闭所有电源后检查车辆（图3-21）。

e. 能熟练使用灭火器。车载灭火器是汽车出行必须随时携带的装备，灭火器使用方法是竖直放好灭火器，拔掉销子，站在上风向把灭火器对准着火部位，按动把手喷射即可（图3-22）。

图3-21 提前判断自燃现象

图3-22 正确使用灭火器

⑥防止润滑油变质。不良润滑油易受热变稀，抗氧化性变差，易变质，甚至造成烧瓦抱轴等故障。因此，夏季应经常检查润滑油量、质量情况，发现问题必须及时解决（图3-23）。

◎ 温馨提示：

1. 高温环境下用车忌加油过满。油箱里的油在炎热的环境中会膨胀，如油加得很满，很容易发生危险。

2. 如果发动机舱着火，不要着急打开，防止空气中的氧进入发动机舱内使它燃烧得更快，先拿好灭火器，要慢慢打开发动机舱盖往里喷射灭火。

3. 汽车在山区或高原条件下的使用

（1）高原山区环境对汽车使用的影响。汽车在高原和山区使用的特点是：由于海拔高、气压低、空气稀薄、发动机充气效率低，导致动力性能和经济性能下降；弯多、坡陡，行驶不安全（图3-24）。

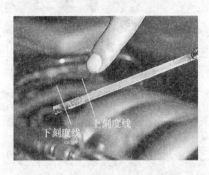
图3-23 润滑油油质、油量检查

图3-24 高原山区公路环境

①对发动机动力的影响。汽车在高原山区行驶时，随着海拔高度的升高，气压逐渐降低，空气密度减少，使发动机充气量下降，动力下降。经测试，海拔高度每增加1000m，大气压力下降约11.5%，空气密度约减少9%，发动机功率和转矩分别下降12%和11%左右。同时，海拔高度影响汽车加速性能，海拔高度每增加1000m，汽车加速时间和加速距离增加50%，最高车速下降9%左右。充气量下降，动力下降使发动机转速降低，由于可燃混合气过浓，发动机怠速稳定性下降（图3-25）。

②对发动机经济性能影响。汽车在高原山区行驶，空气密度减少，发动机充气量下降，燃烧条件变差，热效率降低。特别是山区公路路况差，坡度大而长，汽车经常在低速挡位大负荷的条件下行驶，发动机温度高，造成耗油增大，使发动机燃料经济性变坏（图3-26）。

③对发动机润滑油的影响。高原山区环境下行驶，由于发动机功率下降，长时间满负荷工作，容易导致发动机过热，进而导致发动机机油变稀和加速氧化变质。同时，过浓的混合气燃烧不完全，窜

图3-25 发动机充气量下降，动力下降

入曲轴箱冲淡机油，润滑作用下降，也加快机油变质，加剧发动机机件磨损（图3-27）。

④对汽车制动性能的影响。由于山区地形复杂，经常会遇到上坡、下坡、路窄、弯多等路况，汽车需要经常制动减速，制动频繁使摩擦衬片和制动鼓（盘）经常处于发热状态。汽车经常下长坡需要长时间的连续制动，至使制动器温度上升可高达600~700℃。制动

器工作温度过高时造成制动器摩擦片的摩擦系数下降,汽车制动效能下降,严重时可能制动失灵。另外,制动蹄摩擦片持续高温,磨损加剧,常有破裂现象。卡罗拉制动器,如图3-28所示。

图3-26　高原山区行驶耗油增大

图3-27　发动机曲轴磨损

⑤对排气污染的影响。海拔高度增加,使空燃比变小,CO 和 HC 生成量增加,NO_x 生成量减少(图3-29)。

图3-28　卡罗拉制动器

图3-29　排气污染增加

(2)汽车在高原和山区使用时的技术措施。我国高原、山区公路约占全国总公路里程的40%,汽车在高原、山区行驶时,可采取一些技术措施来改善行驶性能。

①改善发动机性能的主要措施。

a.可以采用提高发动机压缩比或选购配置高压缩比发动机的车辆。发动机压缩比的范围是:汽油机的压缩比为 7～11;柴油机的压缩比为 14～22。提高发动机压缩比不仅可提高压缩终了的温度和压力,改善燃烧过程,减少热损失,还可采用较稀的可燃混合气,从而提高了发动机的动力性和经济性。压缩比提高的方法主要有减小燃烧室的容积,包括磨削汽缸盖、在燃烧室内增加固定物,使用较薄的汽缸垫或更换活塞的形式,使活塞头部与缸盖围成的燃烧室的容积减小等。但上述的方法对发动机的改动很大,需要由专业改装人员承担,不具备现实意义。对于长期在高海拔地区的使用者,可以在选购车辆时优先选购装配高压缩比发动机的车辆(图3-30)。

图3-30　高压缩比发动机

b.适当增大火花塞间隙。为提高燃烧速度,使燃油燃烧充分,并减少积炭生成,可适当增大火花塞间隙,相应提高点火电压。一般车况较好的汽车发动机火花塞间隙可增加

0.25mm左右,车况差一些的可增加0.15mm左右(图3-31)。

c.采用增压装置。采用增压装置是改善车辆高原地区的动力性、经济性的有效方法。装有增压器的发动机,进气压力增大,进气量增加,改善了燃烧条件,使有效功率得到提高。发动机有效功率的增加与增压压力基本上成正比。柴油机不会有爆燃限制,可使用增压装置以提高充气量,改善发动机的动力性和燃油经济性。汽油机采用增压装置虽然受到一定限制,但在高原地区使用时,也可提高功率,降低油耗。

如图3-32所示,目前许多车辆装配有废气涡轮增压器。它以发动机排气歧管排出的高温高压的废气为动力来源,在涡轮机叶轮与压气机叶轮间通过增压器轴刚性连接,这部分称作增压器转子。增压器转子由浮动轴承(转子高速旋转时可保证摩擦阻力矩较小)固定在增压器中。发动机工作时,排出的废气以一定角度高速冲击涡轮机叶轮,使增压器转子高速旋转,带动压气机叶轮高速旋转,使得发动机进气歧管内的气压升高,达到增压效果。这样,在进气过程中,空气会受到较大的压力,从而使更多的、密度更大的空气进入汽缸,提高发动机充气量,使燃烧过程更加充分,提高发动机的动力性能。

图3-31 增大火花塞间隙

图3-32 废气涡轮增压器
1-新鲜空气;2-废气排出;3-进入汽缸

◎**温馨提示**:增压器的额定工作转速可达每分钟13万转以上,且处于排气歧管出口处,温度极高(800℃以上),进、排气压力也较大,即增压器在高温、高压、高转速环境下工作,经常性的不正确使用会使增压器损坏。故在使用中要求做到:

1.发动机起动后应怠速运转3~5min,不要立即加负荷,以保证增压器的良好润滑。其主要原因是增压器位于发动机的顶部,如果发动机起动后增压器立即开始高速运转,就会因机油压力未能及时升高,无法给增压器供油,造成增压器缺油损坏,甚至烧坏整个增压器。

2.平时怠速时间不宜过长,一般不超过10min,怠速时间过长容易造成压气机端漏油。

3.停车前不要立即关闭发动机,应怠速3~5min,使增压器转速和排气系统的温度降下来,防止发生回热、机油结焦、轴承烧损等故障。

d.改善发动机润滑条件。在高原地区行驶的车辆,其所使用的发动机润滑油应具有良好的黏温特性,以保证发动机在低温时起动性能良好,高温时具有良好的润滑性能。为防止润滑油变质,有条件时应加装机油散热器,并应保持良好的曲轴箱通风(图3-33)。

②在高原和山区提高行车安全的措施。

a.利用发动机制动。汽车下长坡时应充分利用发动机制动。此时,变速器挡位越低,发动机的转速越高,产生的制动力越大。一般在长下坡利用发动机制动时,将手动变速器换至上坡时所用挡位较为合适。自动变速器应将操纵杆放在"3"或"2"的位置(图3-34)。

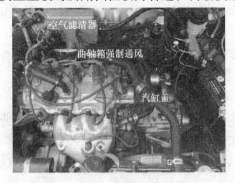

图3-33 曲轴箱通风　　　　　　　　图3-34 利用发动机制动

b. 采用辅助制动器。辅助制动器常见有电涡流、液体涡流及发动机排气制动器等类型,常用于大型车辆上。发动机排气制动是一种有效而简便的措施,它是在发动机制动的基础上,在排气管上加装一个排气节流阀。当使用排气制动时,切断发动机燃料供给,关闭排气节流阀,达到降低车速制动汽车的目的。在大型载货汽车上应用排气制动,其压力高,制动效果明显,不需其他介质,在现代汽车(商用车和大型客车)设计中应用比较广泛。

排气制动操纵方便、简单有效。在冰雪及较滑的泥水路面行驶时,使用排气制动,可以减少侧滑;在长下坡时,使用排气制动可以减少行车制动的次数,降低制动鼓的温升,提高制动的可靠性。使用排气制动时,能减少发动机油料的供给并最终断油,能节省燃料(图3-35)。

a)　　　　　　　　　　b)

图3-35 排气辅助制动
a)排气制动阀;b)排气制动阀的安装位置

◇温馨提示:在下大坡或下山行驶中,使用排气制动时,变速器一般选用5、6挡,这样可以防止发动机转速过高出现发动机损坏的故障。使用排气制动时,不能挂空挡,也不允许分离离合器,否则排气制动无效,易出现行车事故。

c. 及时更换制动液。制动液具有吸水的特性,会出现沸点降低、污染等不同程度的氧化变质现象。在高原山区行车,制动频繁,如果沸点降低,会在高温时由于制动液的蒸发而产生气阻,引起制动失灵,给行车安全带来极大威胁,更应及时更换制动液。汽车制动液一般两年或者4万km必须强制性更换一次。现在常用合成型的制动液,具体型号在车辆的使用手册上面,在车辆制动液加注口上面或旁边也会有明显的标注,如 DOT3、DOT4 等(图 3-36)。

d. 制动鼓淋水。汽车在长下坡制动时,对制动鼓外圆进行淋水冷却,可解决因摩擦衬片过热而引起的烧蚀现象(图 3-37)。

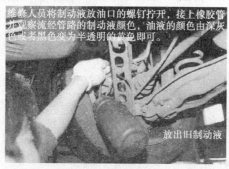 

图 3-36　更换制动液　　　　　　　图 3-37　制动鼓淋水

在高原山区行驶的大型客货运汽车,使用制动频繁,制动器因摩擦而生热,使制动系统温度升高。为了防止制动器过热,在下长坡时,对制动鼓外圆进行淋水冷却效果很好,可以基本上防止摩擦衬片的烧蚀现象。但是,这种方法需要有充足的水源,在缺水地区无法使用。此外,经常需要停车加水,增加了驾驶人的劳动强度和降低了运输生产率。

◎温馨提示:高原山区的道路等级低,制动、转向、换挡次数明显增加,轮胎磨损加快。因此,宜适当缩短制动、转向系统和轮胎的维护周期,以保证其技术状况完好,并严禁下坡熄火滑行。

4. 汽车在恶劣气象和复杂道路条件下的使用

(1)恶劣气候和复杂道路对汽车使用的影响。大风、大雨、大雾和雨雪天气等恶劣气象条件下行车,由于附着力小,车轮容易产生打滑、侧滑、空转、转向失控、制动距离增大,对行车安全影响最大,容易发生交通事故。复杂道路是指泥泞的土路、冬季的冰雪道路和覆盖沙土的道路等,车轮与路面的附着力减小,滚动阻力增大,还会有突出的障碍物影响汽车通过(图 3-38)。因此,会使汽车燃料消耗量增加,机件磨损增大。

图 3-38　复杂道路对汽车使用的影响

(2)汽车在恶劣气候和复杂道路使用时的安全行车措施。在恶劣气象条件下行车,应开启近光灯、示廓灯和后位灯,雾天还应开启雾灯,遇同方向行驶前车速度较低时,应降低车速并保持安全距离跟车行驶,不得开启远光灯。

①大风气象条件下安全行车措施。大风天气行车,由于风速和风向往往不断发生变化,当感到转向盘突然"被夺"时,一定要双手稳握转向盘。同时,适当放慢车速,如感觉车辆产生横向偏移时,应微量地转动转向盘拨正车头。不可慌忙急转转向盘以图拨正车辆行进方向。道路交通风向警告标志,如图 3-39 所示。

②雨天安全行车措施。雨天直接影响行驶安全的主要因素是视线受阻和路面变化,

图3-39 道路交通风向警告标志

如后视镜模糊不清,潮湿路面的光线反射、路面发滑等。同时,久雨天气,要注意路基是否疏松及有可能出现的坍塌情况,应选择安全路面行驶。

在干燥路面驾驶,车速提高后,车轮与路面间的附着力(俗称"抓地力")几乎没有变化。而雨天当车辆在潮湿路上行驶时,车轮的附着力则随车速的增加而急剧变小,很容易发生"水滑"现象。车辆发生横滑或侧滑时,切不可急踩制动踏板或猛打转向盘转向,应利用发动机制动减速行驶(图3-40)。

③雾天安全行车措施。由于雾天能见度降低、视野变窄、视线模糊,行进车辆中的驾驶人很迟才能看清前方障碍(行人、慢行车、故障车、事故车、凹坑等);或者由于自己未及时开启防雾灯等灯光而不能被其他车辆的驾驶人发现,很容易发生交通事故。

雾天驾驶要遵守灯光使用规定,利用灯光来提高能见度,看清前方车辆、行人及路况,提醒其他车辆和行人注意。首先应打开前后雾灯及示廓灯,或打开近光灯起补充作用(慎用后雾灯,只有可视距离小于50m时才能使用)。时刻注意车速与可视距离的关系,应严格控制车速,加大跟车距离。视线不清时,千万不要在道路中央行驶,也不压线行驶,以避免会车时发生碰撞。雾天驾驶,如图3-41所示。

图3-40 雨天驾驶

图3-41 雾天驾驶

④冰雪路安全行车措施。道路上的积雪,即使融化了,也会在0℃以下时凝结成薄冰。因此,在极滑的冰雪路面上驾驶时,必须加大安全距离,低速缓慢行驶。下雪天,由于路面不断积雪,致使行驶阻力增大,同时驾驶人的视线也往往因阳光的强烈反射或纷飞的雪花所阻挡,从而难以确定车前方的目标,使得识别能力变弱。故应减速行驶,且不能采用紧急制动,以防侧滑。有条件时,可采取相应技术措施提高车轮与路面的附着系数,如加装防滑链。但防滑链只适用于冰雪或松软层不厚的路面,在黏土路面上链齿容易塞满黏土,使用效果显著下降(图3-42)。

⑤泥泞与翻浆路安全行车措施。由于泥泞路与翻浆路的路面特别松软和黏稠。因此汽车行驶阻力大且车轮极易滑转和侧滑,因此行驶中要注意做到如下几点。

a.停车查看:汽车行至泥泞或翻浆路段时,应停车查看路况(深度、宽度和距离等)。摸清情况后,尽量选择平整、坚实或有车辙的路段行驶。

b. 控制车速:在泥泞路段上行驶时,应选用适当挡位(一般可用中低速挡),保持足够的动力,稳住加速踏板,匀速一次性通过。不可猛踏加速踏板,使驱动力高于附着力而出现"打滑"。

c. 防止侧滑:通过泥泞或翻浆路段,应换低速挡,牢牢稳住转向盘,缓缓驶进。当车辆发生侧滑时,要冷静清醒,在松抬加速踏板的同时,将转向盘向后轮侧滑一方适当缓转,修正方向(图3-43)。

图3-42 冰雪路况行车

图3-43 泥泞与翻浆路驾驶

⑥涉水安全行车措施。涉水驾驶与在一般道路上驾驶完全不同,由于水的浮力和流水的冲击作用,车辆驱动力的发挥受到限制,电气设备也极易受潮短路。

涉水行车时,应了解涉水路线的深度、水流速度和水文情况,切不可冒险涉水行驶。应用低速挡平稳驶入水中并缓缓行进,以防水花溅湿发动机电气设备而导致熄火。在行进中,驾驶人要目视远处固定目标,不要看水流,以防因视觉上判断错误而导致行驶方向的偏移。保持车速均匀平稳且有足够动力,尽量不要中途换挡、停车和急转弯,要"一气儿"通过涉水路段(图3-44)。

轿车涉水能力较货车差,当水深过轮胎一半时,切不可冒险涉水驾驶。涉水前,注意水深

图3-44 涉水驾驶

及水下是否有淤泥、流沙等障碍物。市内行车时,要回忆积水前原处是否有井盖、台阶等。换低速挡缓缓驶入水中,握稳转向盘,中途不要换挡和停车。发现车轮打滑,切忌猛加油冲车,正确的方法是应在发动机不熄火的情况下,在有专人指挥下或他人、他车的协助下驶出水区。涉水后,擦干被水浸湿的部位,保持低速行驶,并间断轻踩制动踏板,以恢复制动效果。如果轿车因泡水而出现异常,应送修理厂检修。

课题二 汽车走合期的使用技巧

一、汽车的走合期

汽车的走合期实质上是为了使汽车向正常使用阶段过渡而进行的磨合加工的过程。

在此期间,可使摩擦零件接触面上的加工痕迹磨光和配合形状密合,逐渐形成比较光滑、耐磨而且可靠的工作表面,以承受正常的工作负荷,达到延长使用期限,提高经济性和可靠性的目的。

1. 汽车走合的必要性

新车走合,可以在一定程度上消除和发现汽车零部件的加工和装配缺陷,使零部件之间达到最佳配合状态,避免汽车上相互配合的零部件间出现过度磨损,确保汽车在今后使用中的可靠性、安全性、经济性和使用寿命(图3-45)。

2. 汽车在走合期内的特点

(1)走合期内零件磨损速度快。新车在走合期内,由于新配合件摩擦表面凹凸不平,表面产生相互嵌入的现象,在相互运动中就会产生很大的摩擦力,使配合件的两个摩擦表面磨损量较大。此时,汽车若以全负荷工作,零件摩擦表面的单位压力则很大,润滑油膜被破坏,造成半干或干摩擦。同时,在相对运动中,磨损下来较多的金属屑进入相配合零件之间又构成磨料磨损,使磨损加剧。由于间隙小,磨损过程中表面热量增大,因而使润滑油黏度降低,润滑条件变差。由于上述原因,这一时期零件磨损量增长较快(图3-46)。

图3-45 新车走合很必要

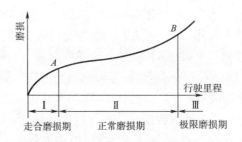

图3-46 走合期发动机磨损量大

(2)走合期内油耗量高、经济性差。在走合期内,汽车零部件之间没有达到最佳配合状态,摩擦力大,"内耗"大。同时,由于车速不宜过高,发动机负荷不宜过大,因此汽车难以达到经济运行速度,经常在中低负荷下工作,致使油耗量增加,经济性降低(图3-47)。

(3)汽车在走合期内行驶故障较多。由于配合件的工作表面存在着微观和宏观的几何形状偏差、零件或总成加工装配质量问题以及紧固件松动、使用不当以及未能正确执行走合规范,所以汽车走合期的故障较多。发动机由于装配质量不好,各部件间隙过小,润滑条件又差,很容易产生过热,常出现拉缸、烧瓦等故障(图3-48)。

(4)在走合期内润滑油易变质。走合期内的零件表面比较粗糙,加工后的形状和装配位置都存在一定的偏差,配合间隙较小。由于走合期内机件配合间隙较小、油膜质量差、温升大,机油易氧化变质;加上较多的金属粒混入机油,使机油质量下降。较多的金属屑被磨落并被润滑油带进下曲轴箱中,这些金属屑起着催化作用,很容易使机油氧化变质,颜色逐渐变成深黑色(图3-49)。

二、汽车在走合期的正确使用方法

1. 汽车走合期里程的规定

汽车走合期里程取决于汽车主要零部件表面加工精度、装配质量、润滑油的品质、运行条件和驾驶技术等,多数汽车制造厂商在汽车使用说明书或维修手册上都有相关说明。走合期里程通常为1500~2000km。现代汽车制造技术和工艺的越来越先进,逐渐降低了走合期要求,但从爱护车辆来讲,新车前3000km还是要小心使用。在到达3000km时,可更换机油、机油滤芯、空气滤芯,过了5000km就可以正常使用了(图3-50)。

图3-47 走合期经济性差

图3-48 汽车在走合期内故障多

图3-49 润滑油易变质

图3-50 汽车用户手册

2. 汽车走合期的正确使用

根据汽车走合期的特点,为减少各总成及零部件在走合期内的磨损,延长机件的使用寿命,走合期内必须遵循的主要规定有:限制行车速度、减轻载质量、选择优质燃油和润滑油及正确驾驶车辆等。

(1)限制行车速度。当载质量一定时,车速越高,发动机和传动机件的负荷越大。因此,在走合期内起步和行驶时,不允许发动机转速过高。变换挡位要及时、合理,各挡位应按汽车使用说明书的规定控制车速。切记不要让发动机高速运转,发动机转速在各挡位最高不要超过3000r/min;在低速挡时,不允许发动机长时间高速运转。一般情况下,载重汽车最高车速不宜超过45km/h,小车的最高车速应在50~80 km/h以内(图3-51)。

(2)减载。汽车载质量的大小直接影响机件寿命,载质量越大,发动机和底盘各部分受力也愈大,还会引起润滑条件变坏,影响零部件的磨合质量,从而影响到汽车的走合质量。所以,汽车在走合期内必须适当减载,通常规定货车走合期内装载质量不应超过额定载荷的75%。所有车辆走合期内不允许拖挂或牵引其他机械和车辆(图3-52)。

图3-51 走合期限速

图3-52 走合期内减载行驶

(3) 选择优质燃油和润滑油。为了防止汽车在走合期中产生爆燃而加速发动机机件磨损,应严格遵照汽车使用说明书规定的标号加注燃油(图3-53)。在走合期内,零部件的配合间隙较小,为使摩擦表面得到良好润滑,应遵照汽车使用说明书的相关规定,选用汽车制造厂指定牌号的润滑油,不要随意添加添加剂。另外,应按走合期内的维护规定及时更换润滑油。

(4) 正确驾驶。在走合期驾驶车辆,发动机起动后应低速运转,待液温升到50～60℃再起步,行车过程中液温控制在80～90℃。车辆起步要平稳,加速要缓和,以减少传动部件的冲击。手动变速器车辆行驶时,应适时变换挡位,切勿使发动机工作负荷过大。要注意选择路面,不要在恶劣的道路上行驶,减少振动和冲击。最初200km内,新制动摩擦衬片要经磨合方能达到最佳状态,在该阶段内,制动效能略有下降,可适当加大制动踏板力补偿制动效果。加速踏板使用应柔和,尽量减少汽车突然加速引起的超负荷现象。要避免紧急制动、长时间制动和使用发动机制动,特别是初驶期300km以内,应避免紧急制动。走合过程中,应对汽车各部件的技术状况及时检查并关注仪表(图3-54),以排除故障。

图3-53 按规定标号加注优质燃油

图3-54 关注仪表

◎温馨提示:新车磨合期间应经常检查、补充机油、冷却液、蓄电池电解液;新车按时间或公里数(一般为行驶3个月以内或行驶里程2000～3000km,以先到为准)应及时到服务站进行车辆强制维护,部分厂家提供免费服务。

课题三　汽车的节油技巧

油价的涨跌时刻牵动着车主的心，车辆节油性能的好坏成为购车者关注的焦点。不同级别的车型、不同排量的发动机，每百公里的油耗不尽相同，跨级别、跨排量的比较没有太多的实际意义。但同一款车由于不同的驾车、用车习惯，会产生明显的油耗差异，有时甚至可以高达3L/100km以上。因此，通过培养良好的驾车、用车习惯，让油耗下降到最合理的范围，对于用车者来说更有实际的参考作用。

一、保持良好的车况

保持汽车良好的车况才能发挥汽车的性能，这也是节省燃油的基本保证（图3-55）。

1. 对车辆定期养护

对发动机来讲，定期养护既减缓发动机磨损，又提高发动机工作效率。日常用车，在发动机冷却液温没有达到正常值前的暖机过程，不可高转速、大负荷运行；行车时经常观察冷却液温，发动机应在90℃左右的正常温度下运行，如出现异常应及时检查；按规定里程及时更换机油及机油滤清器，清洁或更换空气滤清器。一般车辆空气滤清器、汽油滤清器、机油滤清器等，每行驶5000km以上都需要更换，因为空滤堵塞会引起气量减少，导致汽油燃烧不充分，降低燃油效率。如使用全合成机油可以达到10000～15000km更换（图3-56）。

图3-55　保持良好的车况减少油耗

图3-56　更换全合成机油有助于降低油耗

在更换机油时注意选择机油的黏稠度，目前市场上的机油黏稠度有很多种，如：0W-40、5W-40、5W-30、10W-30、5W-20等。车辆的保修手册里都会规定该车辆发动机使用的机油黏度。夏季我们可以选择一些黏度大一些的机油，冬季可以选择黏度小一些的机油。

定期对车辆传动、行驶等系统进行养护。检查轴承及制动系统是否有故障，补充或更换润滑油、润滑脂，避免出现缺油干磨、拖滞等现象。如果车轮转动不正常，就会影响车速，使油耗加大。

2. 关注轮胎减少油耗

（1）保持轮胎的标准胎压。如图3-57所示，过高或过低的胎压都会增加车辆的油耗，而且更危险的是，过低的胎压更容易造成爆胎。所以车主可以随车装备一支轮胎测压计，经常检查爱车的胎压，这样既保证了驾车安全，又能有效节省汽油。有条件时，车主最好给轮胎充氮气。夏天气温高使得轮胎变软，与地面摩擦系数变大，车辆行驶阻力增加，从而增加车的油耗。给车胎充氮气,降低轮胎内部的温度,使得轮胎内部的膨胀系数基本保持不变,这样不但能节油,还能防止车辆爆胎。

(2)检查轮胎的磨损程度。如果轮胎磨损严重,就会经常出现打滑现象,增加耗油量。如图3-58所示,当轮胎磨损到使用极限时,应及时更换车辆原配规格的新胎。有些车主出于美观等考虑,不选用原配规格的轮胎,而是换用胎宽更大的轮胎,那么由于车辆行驶阻力的加大,会消耗更多的燃油。当然,如果车主更换胎宽过窄的轮胎,则会增大爆胎、轮胎偏磨和降低行驶舒适型的可能。

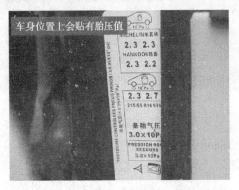
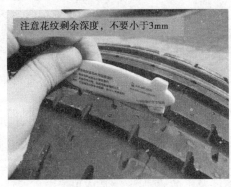

图3-57 轮胎胎压标志　　　　　　　图3-58 检测花纹深度及胎面磨损

(3)选用绿色轮胎可以帮车主降低油耗、减少碳排放。绿色轮胎是指采用新材质和新设计,而使得滚动阻力小,从而使耗油降低、废气排放减少的子午线轮胎。在汽车行驶中,能量会被各种阻力所消耗,其中约20%的汽油被轮胎滚动阻力所消耗。使用绿色轮胎就可以减少这方面的能量消耗,从而达到节油、减少汽车废气排放的环保要求(图3-59)。

图3-59 绿色轮胎

二、保持良好的用车习惯

1. 注意清理行李舱

很多车主都将汽车比喻为自己"流动的家",既然是家,那家当就一定要齐全,用得着的、用不着的,有用的、没用的,都被这些无比爱车的车主搬进了自己"流动的家"。载重增加必然消耗车的"体力"。相关测试数据表明,车辆的自重每增加100kg就会多消耗汽油0.1L/100km。因此,还是建议那些把汽车看作"流动的家"的车主,平时千万不要在车内装载过多的物品。注意清理行李舱物品,定期"减负"是好习惯(图3-60)。

2. 合理使用空调

上车先开窗再开空调。长时间开空调会增加发动机的负荷,同时也会增加油耗。上车后,可先打开车窗将车内的热空气散发出去,使车厢内部的温度先降下来一些,然后打开空调,每隔一段时间调换一下空调的挡位,不要让空调总在高挡位上工作,这样能节省燃油(图3-61)。

图3-60 经常清理

图3-61 合理使用空调

3. 不要随意加装和使用电气设备

如图3-62所示,有些车主喜欢在车上加装如照明灯、功放等各种电气设备,特别是大功率的电气设备,且在行车时习惯全部打开,这种做法不但增加车辆的负荷,而且耗电、耗油。因为汽车的电能来自发动机,耗电当然就要耗油。从节油方面考虑,不必要的电气设备还是不要安装到汽车上。同时,行车时在确保安全、舒适的前提下,应尽量节省电能。例如,使用暖风只开到第二挡,比开到最大挡耗电少一倍。

4. 中、高速行车降低行驶阻力

如图3-63所示,夏天开启空调时车内的人员自然会舒服许多,但是随着发动机负荷的上升,油耗也增加了。这时一些车主想到不开空调而选择打开所有车窗来降温,但是车辆在行驶时开启车窗所增加的行驶阻力产生的消耗甚至会大于空调压缩机的功率消耗,因此低速时开窗降温的方式是可取的,而中、高速行驶时,还是打开空调更为划算。

图3-62 随意使用汽车照明灯

图3-63 中、高速行驶开窗耗油

5. 加注规定标号的汽油

高标号汽油并不适合所有车型,应按车辆使用说明书加注规定标号的汽油。很多人热衷于使用高标号的汽油,甚至把标号看成是燃油纯净度和质量的标准。其实汽油标号只是表示汽油辛烷值,即抗爆性,与纯净度和质量无关。设定为93号汽油的发动机,如果使用97号汽油,会出现"滞燃"现象,燃烧不完全,造成污染和浪费(图3-64)。

三、养成良好的驾驶习惯

驾驶习惯决定油耗高低,按照节油方法操作,养成一种节油驾驶习惯,这一定会让汽车油耗降低。原则上,少踩制动、勿开快车、平稳起步、缓慢加速和均速行驶时的油耗最低。具有良好驾驶习惯的人能做到"人车合一",操控车的每一个动作自然流畅,车辆行驶过程提速与降速衔接顺畅,起步、停车动作准确娴熟,这是节油的重要因素。

1. 适度热车

热车是冬天的一大问题,适度热车是个好习惯,冷车起步时,缓慢加速及换挡即可让发动机达到正常工作温度。建议先怠速运转1min左右,再让车慢速行驶一段距离,长时间的原地热车将增加油耗;长时间怠速和怠速状态下运行空调,尤其消耗燃油(图3-65)。

图3-64 加注规定标号的汽油

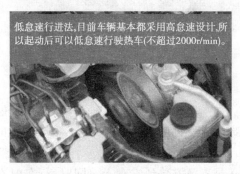

图3-65 适度热车是个好习惯

2. 平稳起步均速行驶

起步与提速阶段是耗油高峰区,此阶段的耗油量是常态行驶的一倍多。要做到缓慢起步,平稳提速,均速行驶,避免猛踩加速踏板起步,猛踩加速踏板提速。平稳起步与均匀加速可以有效地减少产生空油耗的量。此外,合理地踩踏加速踏板、正确配合离合器的使用,也可以减少燃料的空耗。注意练"右脚功夫"。让右脚"知道深浅"很关键。尽可能避免"深一脚、浅一脚"忽高忽低的加速方式。很多油耗是因为驾驶人的脚法不当"踩"出去的。特别是在市区行驶,交通信号灯多,起步、提速的次数频繁,如果操作要领不当,耗油会大大增加(图3-66)。

图3-66 平稳起步均速行驶省油

3. 不要随意抢道

日常行车中,抢道行驶是一种屡见不鲜的不良驾驶习惯,这不但增加了行车中的不安全因素,也使车辆油耗量大增。在行车时,经常变换车道,不仅增加了行驶距离,而且为了超车,也一定得重踩加速踏板,使得油耗增加(图3-67)。

4. 尽量在经济车速范围内行车

对一般汽车而言,经济时速通常都设计在70~90km/h范围内,汽车在经济时速下使用高速挡行驶油耗最低,超过或者低于这个速度行驶,都会带来不同程度的油耗增加。城市中,往往达不到经济车速,路况良好时速度又大大高于经济车速,这都是耗油多的因素(图3-68)。

图3-67 抢道行驶危险又耗油

图3-68 经济时速最省油

5. 避免紧急制动

制动的时机也是省油的一个途径,在安全的前提下,尽量不制动,更应避免紧急制动。车主可以通过观察路况,如果遇见需要制动的情况可以提前抬起加速踏板,尽可能避免紧急制动。在公路上行驶时,应保持适当车距,集中精力驾驶,前方观察和判断距离要远要准。养成良好的驾车习惯,切莫超车和猛踩加速踏板来加速。因为不保持足够的车距,在行驶中就很容易需要急踩制动,当踩制动踏板时,自动变速器汽车的挡位会下降,再次起步时,汽车就得从低速挡逐步换到高挡位,一般静止起步或低速挡起步,发动机都会消耗较高的油量。市区行车遇到交通信号灯时,提前抬脚松开加速踏板,滑行靠近等待区,接近停车处平缓制动(图3-69)。

6. 改变驾驶习惯,自动挡车辆要多用定速巡航

合理使用挡位,对于每个驾驶人来说都不陌生,无论是高挡低速,还是低挡高速,都会在无形中增加油耗,并且对车辆发动机的寿命也会有影响。对于自动挡车辆,要经常使用定速巡航功能,尤其是高速路上,可以让车辆保持匀速行驶,同时也可以使发动机保持一个较低的转速,以达到节油的目的(图3-70)。

图3-69 避免紧急制动

图3-70 使用定速巡航功能

7. 把握好换挡时机,实现最有效率的节油

把握好最佳的换挡时机才能实现最有效的节油。如图3-71所示,针对换挡时机这个问题,主要是解决"拖挡",所谓拖挡应该分为两种情况,一种是高速挡低转速,另一种是低速挡高转速。解释这个问题需要对变速器的各个挡位有所认识和理解。

对于当前较普遍的5速变速器,其5个前进挡的用途如下。

1挡——起步挡:主要用于起步。不要认为自己的汽车动力好,而盲目地用高挡位起

图 3-71　保持合适的挡位

步。大型车辆的 1 挡是按满载起步设计的,因而在轻载时可以选择 2 挡起步,而多数小型轿车在设计时都是按 1 挡起步设计的。因此,小型轿车除特殊情况外,应该选择 1 挡起步。

2 挡——通过挡:主要用于通过复杂路面和处置复杂情况。如通过无特殊障碍的锐角弯路、人流密集的繁华路段、坡度较大的路段、坑洼路段等。

3 挡——过渡挡:主要用于城市道路中低速行驶。视情况,加速可以方便地过渡到 4 挡,减速可以方便地减至 2 挡。

4 挡——行车挡:主要用于较长时间的高速经济行驶。多数车辆的最佳经济车速都会出现在 4 挡,即 4 挡速度区间的低段。

5 挡——超速挡:主要用于高速公路长途行驶。这里的"超速"指的是发动机的转速,即发动机在 4 挡速度区间的高端转速会很高,但动力尚有富余,如持续保持过高转速,既废油又增加磨损。这时及时升至 5 挡,一则可以保持较高车速,二则可以使发动机接近最佳转速。需要注意的是,尽管 5 挡时车速最快,但发动机转矩却是最小。

换挡的时机究竟如何把握呢?对小型轿车而言,通常有两种判断方法,一是转速,二是车速。因小型轿车的承载比变化不大,按这两个方法都不会有错。保持合适的挡位,一是安全,二是省油,三是减少不必要的磨损。

四、其他节油小技巧

1. 停车超 1min 要熄火

一般小型汽车怠速运转 3min 所消耗的燃油可以让汽车行 1km,重新起动所消耗燃油比怠速 1min 要少。在路口停车等待通过的过程中,应根据交通信号灯计时器判断停车时间。停车时间如果超过 1min,应将发动机熄火。尤其是在长时间等红灯和堵车的情况下,这样既可以节油又比较环保(图 3-72)。

2. 选择好路况,避开拥堵

堵车已经成为大城市的家常便饭(图 3-73),面对这样的情况,车主应提前选择好出行线路,及时了解实时路况信息,避开拥堵路段。因为交通环境不畅,汽车走走停停、慢慢挪车,这样的路段耗油成倍增加。如果在两段路程相近的情况下,尽可能挑选交通状况较好的路段,即使舍近求远多绕了一段路程,但是耗油并不一定多。

图 3-72　红灯超过 1min 应熄火

图 3-73　堵车耗油又污染空气

3. 市区行驶不必加满油

减轻汽车整备质量,是降低油耗最有效的重要措施之一。据有关资料,汽车整备质量每增加25%,油耗增加8%;汽车整备质量减轻10%,油耗可减少8.5%。车辆在市区行驶时,油箱没有必要加满,减轻载重,自然会减少油耗。同样道理,车内避免放置不必要的物品,如不必要的随车工具、整箱的矿泉水等,也可达到省油的目的(图3-74)。

4. 避免"大太阳"时加油

给车加油是用车过程中再平常不过的事情。专业人士建议,避免在"大太阳"时加油。因为,温度高的时候,油库内及管路中温度也高,会产生较多的燃油蒸气,由加油枪出来的油量就会减少。最适当的加油时机应该是早晨或晚上(图3-75)。

图3-74　市区行驶不必加满油

图3-75　避免"大太阳"时加油

5. 不要低挡行驶、空挡滑行

在驾驶手动变速器的车辆时,待车速稳定下来以后应及时换成高挡位,同时保持一定速度匀速行驶才是最经济的。在车辆下坡或者减速时,有些驾驶人习惯挂空挡滑行,觉得这样会更省油。这样做不仅违反交通法规,对于电喷车来说事实上也并不省油。因为大多数电喷发动机的控制系统具有减速减油或断油功能,所以电喷车高速带挡滑行时才会更省油,空挡滑行相反会费油(图3-76)。

6. 及时更换配件

离合器打滑会损耗能量,当在加速时发现发动机转速表增加很快而车速增加却很慢,这时可以判定是离合器打滑,需要更换。如果火花塞使用的时间太长也会出现耗油增大的现象。因为火花塞损坏会使点火的能量下降,车辆提速减慢,导致汽油消耗明显增加,这就需要换火花塞(图3-77)。

◇温馨提示:把握好换挡时机能实现最有效率的节油;最佳换挡的时机可通过发动机转速和车速来把握,多数小型轿车的换挡转速应在2000~2500r/min之间,如果能感觉到可以有效地利用发动机进行流畅的加速或减速,这时的挡位就是合适的。

图3-76　空挡滑行更费油

图3-77　更换火花塞

项目四　汽车运行材料选用

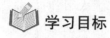
学习目标

完成本项目学习后，你应能：
1. 知道汽、柴油的主要性能指标、牌号及选用方法；
2. 识别汽车发动机润滑油的使用性能、分类、规格及选用；
3. 认识车用冷却液、制动液、齿轮油等油液的使用性能、分类、规格及选用；
4. 知道汽车轮胎的规格及选用注意事项。

建议课时：10课时。

汽车运行材料是指汽车运用过程中的消耗性材料，主要包括：燃料、润滑材料、车用特种液和轮胎等。掌握汽车运行材料的性能、品质、分类方法及用途，根据汽车的技术状况、当地的气候环境，正确选择、合理使用汽车运行材料，对充分发挥汽车的使用性能、保持汽车良好的技术状况、减少故障率、节约能源和降低运输成本、提高运输效率有着重要意义。

课题一　汽车燃油的选用

一、车用汽油的选用

1. 认识汽油

如图 4-1 所示，汽油是应用于汽油发动机的燃料，它是从石油中提炼出来的。汽油为混合烃类物品，成分比较复杂，主要成分是 C4～C12 烷烃，是一种无色或淡黄色、易挥发和易燃液体，具有特殊的汽油芳香味。

看	无色或淡黄色
闻	特殊的汽油芳香味
摇	产生气泡并随即消失
摸	挥发快、凉爽感、发涩

a)　　　　　　　　b)

图 4-1　车用汽油
a) 汽油的概念；b) 外观特性和识别方法

目前，国内部分省区加油站供给的车用汽油有两类，一类是不加入替代燃料的普通汽油；另一类是加入替代燃料乙醇的乙醇汽油。乙醇汽油是一种由粮食及各种植物纤维加工成的燃料乙醇和普通汽油按一定比例混配形成的新型替代能源。按照我国的国家标准,乙醇汽油是用90%的普通汽油与10%的燃料乙醇调和而成的。它可以有效改善油品的性能和质量,降低一氧化碳、碳氢化合物等主要污染物排放含量。它不影响汽车的行驶性能,还能减少有害气体的排放量。乙醇汽油作为一种新型清洁燃料,是目前世界上可再生能源的发展重点,符合我国能源替代战略和可再生能源的发展方向,技术上成熟安全可靠,在我国完全适用,具有较好的经济效益和社会效益。

2. 车用汽油的使用性能

汽油的使用性能是指其能够满足汽油发动机工作需求并保证发动机正常发挥性能的能力。如图4-2所示,车用汽油的使用性能主要有以下几点。

(1)应具有适当蒸发性:保证发动机在各种工作情况下、配置成合适浓度的混合气。

(2)具有良好抗爆性:在燃料燃烧过程中不产生爆燃。

(3)良好的安定性:在存储和使用中不易氧化生胶。

(4)不应引起对发动机零件的腐蚀:要求汽油本身及燃烧后产物不腐蚀零件或容器。

(5)燃油中不含有机械杂质和水分:燃烧时形成积炭和解胶要小。因为机械杂质会堵塞过滤器和油路,水分在冰冻后会堵塞过滤器,也会引起其锈蚀。

图4-2 汽油的使用性能
a)汽油的质量要求;b)汽油的抗爆性

3. 车用汽油标号

汽油标号表示的是汽油的辛烷值,表征汽油的抗爆性能,如图4-3所示。它是实际汽油抗爆性与标准汽油抗爆性的比值。标准汽油由异辛烷和正庚烷组成,异辛烷的抗爆性好,其辛烷值定为100;正庚烷的抗爆性差,在汽油机上容易发生爆震,其辛烷值定为0。如果汽油的标号为93,则表示该标号的汽油与含异辛烷93%、正庚烷7%的标准汽油具有相同的抗爆性。目前,常见车用汽油标号有90号、93号、95号、97号、98号,乙醇汽油标号有E90号、E93号、E97号。

4. 汽油的选用

为了充分发挥车用汽油的能量,延长汽油发动机零件的使用寿命、降低成本、节约能源,应正确、合理地选择汽油(图4-4)。车用汽油的选用应遵循以下原则。

(1)根据车辆使用说明书的要求选用。

(2)根据发动机的压缩比选用。压缩比大,选用高牌号的汽油;

图4-3 车用汽油牌号

图4-4 合理选用汽油

反之,压缩比小,选用低牌号的汽油。一般压缩比在8.5～9.5之间的中档轿车一般使用93号汽油;压缩比大于9.5的轿车应使用97号汽油。

(3)根据使用条件选择。高原地区大气压力小,空气稀薄,汽油机工作时爆燃的倾向减小,可以适当降低汽油的辛烷值。一般海拔每上升100m,汽油辛烷值可以降低约0.1个单位。但若是经常在大负荷低转速下工作的汽油机,应选择较高辛烷值的汽油。

(4)根据发动机的使用时间来选择。使用时间长的发动机,由于燃烧室积炭、水套积垢等原因,使爆燃的倾向增加,应选用高一级牌号的汽油。

(5)根据环保要求优先选用高清洁无铅汽油。高清洁无铅汽油不含有害的铅化合物(抗爆添加剂四乙铅)和腐蚀性物质、胶状物、机械杂质,水分的含量很少。目前,国内已禁止生产铅水汽油,正规加油站提供的均是无铅汽油,因此加油应到正规的加油站。

◎温馨提示:汽油挥发能力很强,蒸气能扩散到很大的空间,有时火源离汽油似乎很远,但与汽油蒸气接触仍会引起燃烧,故加油时发动机应熄火,人员不要滞留车上。

二、车用轻柴油的选用

1.认识柴油

如图4-5所示,柴油应用于压燃式发动机(即柴油机),柴油和汽油一样,也是从石油中提炼出来的,也是由碳、氢元素组成的烃类化合物。柴油成分复杂,烷烃碳原子数约为C10～C22,主要由原油蒸馏、催化裂化、加氢裂化、减黏裂化、焦化等过程生产的柴油馏分调配而成(还需经精制和加入添加剂)。柴油分为轻柴油(沸点范围约180～370℃)和重柴油(沸点范围约350～410℃)两大类。轻柴油用于高速柴油机,重柴油用于中、低速柴油机。汽车用柴油机属高速柴油机,所用柴油为轻柴油。由于柴油机较汽油机热效率高、功率大、燃料单耗低,比较经济,故应用日趋广泛,主要作为拖拉机、大型汽车、内燃机车及土建、挖掘机、装载机、渔船、柴油发电机组和农用机械的动力。

看	茶黄色或棕褐色
闻	特殊的柴油味
摇	产生气泡小,消失比汽油慢
摸	挥发慢、手感光滑

a)   b)

图4-5 柴油外观的识别

a)柴油的概念;b)外观特性和识别方法

2.车用轻柴油的使用性能

由于柴油机的可燃混合气形成方式、着火方式、燃烧过程等与汽油机不同,所以对柴油使用性能的要求与汽油不同。为了保证柴油发动机正常、高效地工作,满足排放要求,如图4-6所示,柴油的质量要求主要有如下几点。

(1)燃烧性:指喷入燃烧室内与高温空气形成均匀的可燃混合气之后,能在较短时间内发火自燃并正常的完全燃烧的性能。

(2)低温流动性:用柴油的凝点和冷滤点评定低温流动性。凝点是指柴油失去流动性开始凝固时的温度,而冷滤点则是指在特定的试验条件下,在1min内柴油开始不能流过过滤器20mL时的最高温度。一般柴油的冷滤点比其凝点高4~6℃。

(3)蒸发性:指柴油蒸发汽化的能力,用柴油馏出某一百分比的温度范围,即馏程和闪点表示。例如,50%馏出温度即柴油馏出50%的温度,此温度越低,柴油的蒸发性越好。国家标准规定此温度不得高于300℃,但没有规定最低温度。为了控制柴油的蒸发性不致过强,标准中规定了闪点的最低数值。柴油的闪点指在一定的试验条件下,当柴油蒸气与周围空气形成的混合气接近火焰时,开始出现闪火的温度。闪点低,蒸发性好。

(4)黏度:是评定柴油稀稠度的一项指标,与柴油的流动性有关。黏度随温度而变化,当温度升高时,黏度减小,流动性增强;反之,当温度降低时,黏度增大,流动性减弱。

(5)安定性:指柴油在储存、运输和使用过程中,保持其外观、组成和使用性能不变的能力。柴油安定性的评定指标主要是10%蒸余物残炭、氧化安定性、总不溶物三项。

(6)柴油的防腐性:用硫含量、硫醇硫含量、酸度、铜片腐蚀及水溶性酸或碱等指标来评定。

3. 车用柴油牌号

轻柴油国家标准规定,十六烷值不低于45、硫含量优级品控制不大于0.2,一级品控制不大于0.5%,合格品控制不大于1.0%,实际胶质不大于70mg/100mL,并规定柴油按凝点分级,常用的车用柴油有:10、0、-10、-20、-35和-50等牌号,如图4-7所示。重柴油有10、20、30三个牌号。

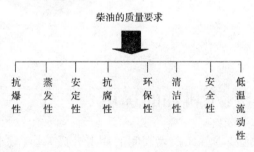

图4-6 柴油的质量要求

图4-7 柴油牌号

4. 轻柴油的选用

车用轻柴油的选用主要考虑汽车使用环境温度,一般应使最低使用温度等于或略高于轻柴油的凝点,主要应遵循以下原则。

(1)根据汽车使用地区的最低气温选用柴油牌号。

(2)在气温允许的情况下尽量选用高牌号柴油。

(3)充分考虑季节、气温变化对用油的影响。

例如,10号轻柴油:适合于有预热设备的柴油机;0号轻柴油:适合于风险率为10%的最低气温在4℃以上的地区使用;-20号轻柴油:适合于风险率为10%的最低气温在-14℃以上的地区使用(图4-8)。

◇温馨提示：柴油加入油箱前，一定要充分沉淀（不少于48h）、过滤，除去杂质，切实做好柴油的净化工作，以保证柴油机燃料供给系统的精密零件不出故障和延长使用寿命。同一质量级别、不同牌号的柴油可以掺兑使用，以降低高凝点柴油的凝点，充分利用资源。低温起动液不能加入油箱与柴油混用，否则易形成气阻。冬季使用桶装高凝点柴油时，不能用明火加热，以免引起爆炸。

三、车用替代燃料简介

从技术角度看，车用石油燃料的替代途径包括两种：一种是以适应现有车用内燃机为导向、利用非石油资源生产的液、气态碳氢燃料的直接燃料替代；另一种是以革新车用发动机和动力系统为导向、节约或彻底摆脱碳氢燃料的间接技术替代。目前，石油替代产品主要包括四大类：气体燃料（天然气、液化气、氢气）、合成燃料（煤制油、天然气合成油）、醇醚类燃料（甲醇、二甲醚、乙醇）、生物质产品（生物质气化、生物柴油）。以上各种代用燃料均处于不同的应用和发展阶段，使用液化气的汽车，如图4-9所示。

图4-8 车用优质0号轻柴油

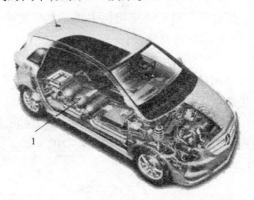

图4-9 使用液化气的汽车
1—液化气储气罐

课题二 汽车机油的选用

汽车润滑油材料用于汽车各相对运动零件摩擦表面间的润滑介质，具有减小摩擦阻力，保护摩擦表面的功能，并有密封、吸收和传散摩擦热以及清洗零件等作用。汽车机油主要有发动机润滑油、齿轮油和润滑油脂（图4-10）。

一、发动机机油的使用性能与牌号

发动机机油也称发动机润滑油，是保证发动机正常运行的重要材料，具有润滑、冷却、密封、清洗、防腐、降噪、减磨等功能。

1. 发动机机油的使用性能

发动机机油的工作条件很恶劣，因此对其使用性能也有很高的要求，具体如下。

（1）润滑性：在各种条件下，发动机机油均具有良好的润滑性，即能降低摩擦、减缓磨损和防止金属烧结（图4-11）。黏度是评定润滑性的重要指标。

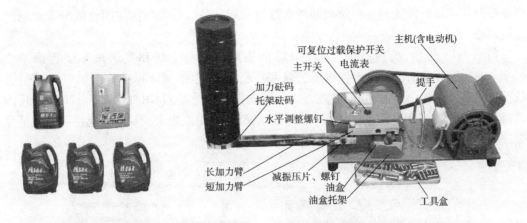

图 4-10　车用机油　　　　图 4-11　机油抗磨性能测试

（2）低温操作性：发动机机油应具有良好的低温操作性，即能够保证发动机在低温条件下易起动和可靠供油的性能。发动机机油低温操作性的评定指标主要有低温动力黏度、边界泵送温度和倾点等。

（3）黏温性：温度对油品黏度的影响很大，温度升高，黏度降低；温度降低，黏度升高。发动机机油的黏度随温度的变化程度要小即应具有良好的黏温性。黏温性的评定指标是黏度指数，黏度指数是指将试验油的黏温性与标准油的黏温性进行比较所得出的相对数值。

（4）清净分散性：发动机机油应具有良好的清净分散性，即机油具有良好的抑制积炭、漆膜和油泥生成或将这些沉积物清除的性能。

（5）抗氧性：发动机机油应具有良好的抗氧性。

（6）抗腐蚀性：发动机机油抵抗腐蚀性物质对金属腐蚀的能力。发动机机油抗腐蚀性的评定指标是中和值。

（7）抗泡沫性：发动机机油消除泡沫的性质，评定指标是泡沫性。

不同黏度机油的流动对比，如图 4-12 所示。

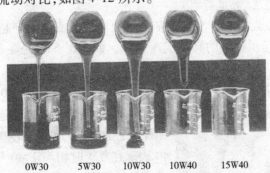

图 4-12　不同黏度机油的流动性对比

2. 发动机机油的分类、规格和牌号

发动机机油是在以精制的矿物油、合成油为基础油中加入金属清净剂、无灰分散剂、抗氧抗腐剂、黏度指数改进剂、降凝剂、抗泡剂、防锈剂等各种添加剂而制成的，其品种、规格是按照基础油的性能和各种添加剂所含数量来划分的。分类包括使用性能分类和黏度分类两种。

如图4-13所示,美国石油学会(API)的使用性能分类法和美国汽车工程师学会(SAE)的黏度分类法已被世界各国所公认和广泛采用,也被国际标准化组织(ISO)确认。我国也参照该两种润滑油的分类方法制定了《内燃机油分类》(GB/T 28772—2012)和《内燃机油黏度分类》(GB/T 14906—1994)两项国家标准,相应制定了我国内燃机油的质量分类法和黏度分类法。

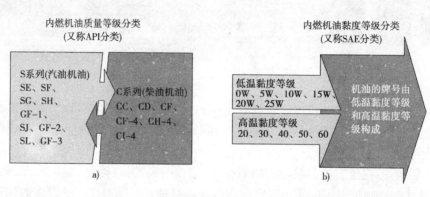

图4-13 发动机机油的分类
a)发动机油 API 分类;b)发动机油 SAE 分类

(1)按使用性能分类法(质量等级)。

①汽油机系列(S系列):"S"开头代表汽油发动机用油,常见规格有:SC、SD、SE、SF、SG、SH、SJ、SL、SM 等等级。

②柴油机系列(C系列):"C"开头代表柴油发动机用油,常见规格有:CC、CD、CE、CF 等等级。

在"S"或"C"后面的第二位字母越靠后,等级越高,使用性能越好。如图4-14所示,当"S"和"C"两个字母同时存在时,则表示此机油为汽、柴油机通用型。

(2)按照黏度分类法(黏度等级)。

①冬季用油(W级):有 0W、5W、10W 等等级。其前面的数字越小说明机油的黏度越小,流动性越好,代表可供使用的环境温度越低。如 SAE 5W,是冬季用单级油,适用环境温度为 -30 ~ -10℃。

图4-14 机润滑油的识别

②非冬季用油:有 20、30、40、50 等等级。这是机油耐高温性的指标,数值越大说明机油在高温下的保护性能越好。如 SAE40 表示夏季用单级油,40 表示在夏天时相当于 40 号机油的黏度,相当于适用环境温度可达 40℃。

③多级油:如 5W-20、10W-40 等,有两组数值的,表示是多级机油,如 SAE15W-40,15 表示冬天时,机油黏度为 15 号,40 表示夏天时相当于 40 号机油的黏度。多级机油适合从低温到高温的广泛

区域,黏度值会随温度的变化给予发动机全面的保护,如表 4-1 所示。

黏度等级与使用环境温度范围参考值　　　表 4-1

类　别	SAE 黏度分级	适用的环境温度(℃)
单级机油	5W	-30 ~ -10
	10W	-25 ~ -5
	15W	-20 ~ 0
	20	-10 ~ 20
	30	0 ~ 30
	40	10 ~ 40
多级机油	5W-20	-30 ~ 20
	5W-40	-30 ~ 40
	10W-30	-25 ~ 30

◎**温馨提示**:《内燃机油分类》(GB/T 7631.3—1995)(现行标准为 GB/T 28772—2012)按性能将汽油机油分 SA~SH 8 个质量等级,柴油机油分为 CA、CB、CC、CD、CD-Ⅱ、CE、CF-4 7 个质量等级,级别越靠后,性能越好。其中,SA、SB、CA、CB 已废除。

《内燃机油黏度分类》(GB/T 14906—94)按黏度将内燃机油分为单级油和多级油,单级油共有 0W、5W、10W、15W、20W、25W 6 个低温黏度级号和 20、30、40、50、60 5 个 100℃运动黏度级号。其中,低温黏度级号适用于冬天寒冷地区,100℃运动黏度级号适用于温度较高的地区使用。

二、发动机机油的选用

1. 发动机机油的选择原则

选用合适的机油是保证发动机正常工作、延长其使用寿命的重要条件,应根据汽车使用说明书所规定的要求选择机油的质量等级和黏度等级。没有相关资料时,机油的选择应兼顾质量等级和黏度级别两个方面。先确定其合适的质量等级,再根据发动机使用的外部环境温度,选择该质量等级中的黏度等级(图 4-15)。

2. 选用机油的注意事项

(1)同一级别的国内外机油使用效果一致,从经济性考虑,应优先选用国产高品质油。

(2)级别低的机油不能用于高性能的发动机,以防造成磨损加剧;级别高的机油可以用于稍低性能的发动机,但也不可降档过多(图 4-16)。

(3)在确保润滑的条件下,优先选择黏度低的机油,可以减少机件的摩擦损失,提高功率,降低燃料消耗。若发现所用机油黏度过高,正确的处理方法是放掉发动机内所有机油(包括滤清器内的机油),换用黏度适当的机油。

(4)不同牌号的机油不可混用,同一牌号不同

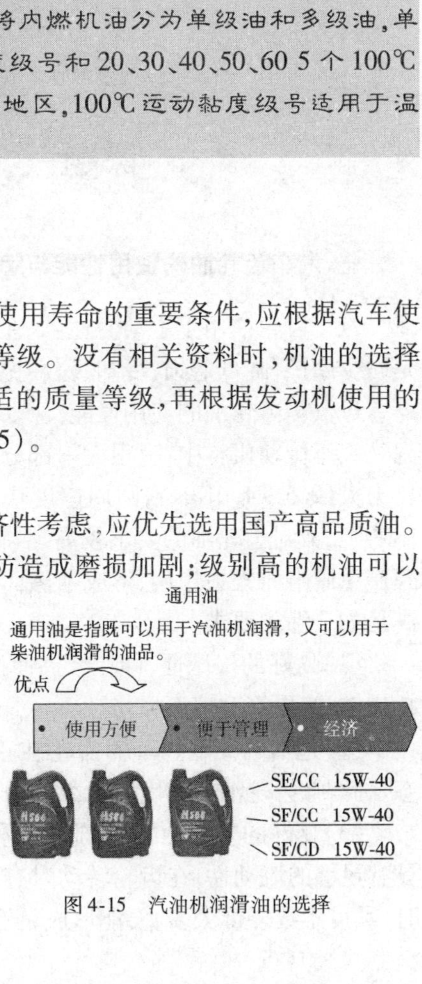

通用油
通用油是指既可以用于汽油机润滑,又可以用于柴油机润滑的油品。

优点: 使用方便　便于管理　经济

SE/CC　15W-40
SF/CC　15W-40
SF/CD　15W-40

图 4-15　汽油机润滑油的选择

生产厂家的机油也尽量不混用。

（5）应选购有影响、有知名度的正规厂家的机油,要特别注意辨别真假,确保机油品质。

（6）柴油机油黏度选择原则与汽油机油的相同,考虑到柴油机工作压力比汽油机大,但转速又较汽油机低的特点,在选择黏度时应略比汽油机高一些。

（7）根据汽车实际工作条件的苛刻程度,适当升降机油的质量等级。工作条件缓和时可降低一级质量;反之,可升高一级质量,在无级别可提高时,应缩短换油周期(图4-17)。

图4-16　要注意机油品质　　　　　　　　图4-17　定期换油很重要

课题三　汽车齿轮油的选用

一、汽车齿轮油的使用性能与牌号

汽车齿轮油用于手动变速器、主减速器和转向器的齿轮、轴承等零件的润滑,其作用是减少摩擦、降低磨损、冷却、缓冲振动、缓冲冲击、防锈和清洗(图4-18)。

1.汽车齿轮油的使用性能

汽车传动机构中,有很大一部分由齿轮轮系组成。由于汽车齿轮工作条件复杂,接触压力大(2.5~4.0GPa),圆周速度快(5~10m/s),滑动速度高(2~10m/s),油温高(65~180℃),故对齿轮油的要求较高。特别是双曲线齿轮,会因摩擦而温度很高,使机油吸附膜产生脱附而失去作用,形成摩擦面金属的直接接触。在如此苛刻的工况下,齿轮油必须满足如下性能要求。

（1）良好的极压性,即在摩擦面接触压力非常高、油膜容易破裂的润滑条件下,能够防止烧结、熔焊等摩擦面损伤。

（2）适当的黏度。车辆齿轮在正常运转条件下,齿面经常处于弹性流体动力润滑状态。此时,齿轮油的黏度对承载能力有重要影响。

（3）良好的黏温性能,即随着工作温度的变化,黏度变化要尽可能小,以保证在低温时具有足够的流动性,在齿轮转动时有足够量的油带到齿面及轴承,防止出现损伤。在高温时,黏度不致降低太多,要能形成足够厚的润滑油膜。

车辆齿轮油除以上性能要求外,还应具有良好的热氧化安定性、抗泡性,对金属腐蚀性要小、储存安全性要好等使用性能(图4-19)。

图4-18　齿轮油具有润滑、冷却、清洗等作用

图4-19　重载齿轮油

2. 汽车齿轮油的分类、规格和牌号

(1)性能分类。目前,世界各国广泛采用美国石油学会(API)性能分类(表4-2)和美国军用齿轮油规格标准,我国也等效采用上述分类和规格标准,参照1982年美国API汽车变速器和驱动桥润滑剂性能分类制定了《内燃机油分类》(GB/T 28772—2012)标准。我国汽车齿轮油与API分类对应关系,见表4-3。

API齿轮油性能分类　　　　　　　　　　　　　　　　　　　　　表4-2

API 分类	用　　途
GL-1	纯矿物油,无极压添加剂,用于手动换挡变速器
GL-2	温和极压,可用于涡形齿轮
GL-3	温和极压,可用于正齿轮及螺旋锥齿轮(车轴及变速器)
GL-4	中度极压,相当于美军规格MIL-L-2105,用于中等强度准双曲线齿轮
GL-5	高度极压,相当于美军规格MIL-L-210B/C,用于全部偏轴锥齿轮驱动轴和一些手动变速器
GL-6	用于极高速小型偏心齿轮,防划伤性能优于GL-5规格齿轮油,但由于评价试验程序的设备和程序已废止,商业应用价值大为减小

我国汽车齿轮油与API分类对应关系　　　　　　　　　　　　　　表4-3

我国汽车齿轮油	相当API分类号
《普通车辆齿轮油换油指标》(SH/T 0475—1992)	GL-3
中负荷车辆齿轮油(GL-4)	GL-4
《重负荷车辆齿轮油(GL-5)》(GB 13895—92)	GL-5

(2)黏度分类。车辆齿轮油最具代表性的黏度分类是SAE(美国汽车工程师协会)J306规格。同样,我国车辆齿轮油的黏度参照SAE黏度分类规格,制定了《内燃机油分类》(GB/T 7631.7—1995)(现行标准为GB/T 28772—2012)分类方法。如表4-4、表4-5

所示,国内按照分类标准生产的车辆齿轮油,产品质量水平大致相当于 API GL-3 和 GL-4 的齿轮油,而且每一质量档次的油品均有不同黏度等级(牌号)。

我国汽车齿轮油的黏度分类　　　　　　表 4-4

黏度牌号	达到 150Pa·s 的最高温度(℃)	100℃时运动黏度(mm^2/s)	
		最低	最高
70W	-55	4.1	—
75W	-40	4.1	—
80W	-26	7.0	—
85W	-12	11.0	—
90		13.5	24.0
140		24.0	41.0
250		41.0	—

车辆齿轮油质量级别和黏度级别对照　　　　　　表 4-5

质量级别	75W-90	80W-90	85W-90	85W-140	90	140
普通车辆齿轮油(GL-3)		●	●	●	●	●
中负荷车辆齿轮油(GL-4)	●	●	●	●	●	●
重负荷车辆齿轮油(GL-5)	●	●	●	●	●	●

在选用汽车齿轮油时,国内生产的车辆齿轮油已有 17 种牌号的系列产品供大家选择、供应,完全可以满足各种车辆(包括进口车辆)在各类环境使用要求(图 4-20)。

二、汽车齿轮油的选用

如图 4-21 所示,汽车齿轮油选用的基本原则,依据汽车使用说明书所规定的要求选择,或根据齿轮类型和工作条件确定油品质量等级和根据最低使用环境温度和齿轮传动装置的运行最高温度来确定黏度级别(牌号)。

(1)黏度级别的选用。选用汽车齿轮油的黏度级别主要根据使用环境的最低气温和最高气温,推荐参数见表 4-6。汽车齿轮油的黏度应保证低温条件下的车辆起步,又能满足油温升高后的润滑要求,并考虑汽车齿轮油换油周期长短因素。GL-3

图 4-20 国产齿轮油质量级别和黏度级别

的换油周期为 4.5 万 km,GL-4、GL-5 的换油周期为 5 万 ~6 万 km。

车辆齿轮油黏度级别选用表　　　　　　表 4-6

环境温度(℃)	车辆齿轮油黏度级别	环境温度(℃)	车辆齿轮油黏度级别
-57~10	75W	-15~49	85W-90
-25~49	80W-90	-7~49	140

(2)使用性能级别的选用。主要根据齿面压力、滑移速度和油温等工作条件进行选择,而这些条件又取决于传动装置的类型,所以可按齿轮类型和传动装置的功能来选择使

用性能的级别。一般来说,驱动桥主传动器工作条件苛刻,而双曲线齿轮主传动器更为苛刻,所以对齿轮油的使用性能要求更高,应选用更高级别的齿轮油(图4-22)。

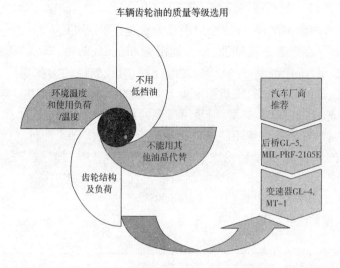

图 4-21　车辆齿轮油的质量等级选用

如图4-23所示,为减少用油级别,在汽车各传动装置对齿轮油使用性能要求相差不大的情况下,可选用同一级别使用性能的齿轮油。通常情况下,为保证齿轮的正常润滑,引进车型及进口汽车的驱动桥必须使用重负荷车辆齿轮油GL-5,机械变速器用中负荷车辆齿轮油GL-4;采用双曲线齿轮驱动桥的国产汽车,可以用GL-4或GL-5齿轮油,机械变速器用GL-4齿轮油;采用螺旋锥齿轮和圆柱齿轮驱动桥的国产汽车可以用GL-3或GL-4齿轮油,机械变速器用GL-3齿轮油。

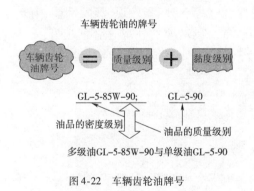

车辆齿轮油分类及适用范围	
普通车辆齿轮油(GL-3)	使用于速度、负荷比较苛刻的汽车手传动箱和螺旋锥齿轮的驱动桥
中负荷车辆齿轮油(GL-4)	适用于在低速高转矩、高速低转矩下操作的各种齿轮。用于汽车手传动箱和螺旋锥齿轮和条件要求不苛刻的准双曲面的驱动桥
重负荷车辆齿轮油(GL-5)	适用于在操作条件缓和或苛刻的准双曲面齿轮及各种齿轮的驱动桥,也可用于汽车手传动箱

图 4-22　车辆齿轮油牌号　　　　　　　图 4-23　齿轮油适用范围

课题四　汽车制动液、冷却液等油液的选用

一、汽车制动液的选用

汽车的制动液俗称刹车油,是汽车液压制动系中传递压力,使车轮制动器实现制动作用的工作介质,其性能对汽车的行驶安全性有很大的影响。对汽车制动液的性能要求是:黏温性好,凝固点低,低温流动性好;沸点高,高温下不产生气阻;使用过程中品质变化小,

并不引起金属件和橡胶件的腐蚀和变质。

1. 制动液的品种、牌号和规格

（1）制动液的品种。制动液按原料的不同分为三种类型：醇型、矿油型和合成型。其中，醇型与矿油型已逐渐淘汰，以合成型应用最为普遍（图4-24）。

合成型制动液以合成油为基础油，加入润滑剂和抗氧、防腐、防锈等添加剂制成的制动液。具有性能稳定，工作温度范围较宽，黏温性好，对橡胶件的溶胀率小，对金属的腐蚀性微弱的特点，故适用于大功率、重负荷和制动频繁的汽车，全年通用。合成型制动液又分为醇醚型、酯型和硅油型三大类型，但使用最多的是醇醚型和酯型。

（2）制动液的牌号、规格。常用的进口制动液有 DOT3、DOT4 两种。DOT 是美国联邦政府运输部制定的联邦机动车辆安全标准（FMVSS No.116），其数字越大，级别越高。DOT3 和 DOT4 是各国汽车所用最普遍的制动液，它们不同之处主要在于沸点（平衡环流沸点）不同，DOT4 比 DOT3 更耐高温。其对应的沸点如表4-7所示。如果制动液沸点过低，则其在系统中容易汽化而造成气阻，导致车辆制动迟缓甚至制动失效。

制动液平衡环流沸点指标　　　　　　　　　　　　　　　　表4-7

工作情况			
沸点（平衡环流沸点）	DOT3	DOT4	DOT5
干沸点	205℃以上	230℃以上	270℃以上
湿沸点	140℃以上	155℃以上	190℃以上

注：干沸点指刚从密封容器中加入制动系统后的沸点；湿沸点指经过两年使用后，含水3.5%的沸点。

我国制动液标准也是参照美国标准制定的，《机动车辆制动液》（GB 12981—2003）为强制性标准，共有14项技术指标要求。分别是外观、平衡回流沸点、湿平衡回流沸点、运动黏度（100℃、-40℃）、pH 值、液体稳定性、腐蚀性、低温流动性和外观、蒸发性能、溶水性、液体相容性、抗氧化性、橡胶相容性、行程模拟性能。制动液的外观应清澈透明、无杂质、无沉淀和悬浮物。该指标是辨别制动液是否合格的一个最为简便的方法，也是制动液最基本的指标（图4-25）。

图4-24　常用合成型制动液

图4-25　常用制动液的规格

目前，国产制动液的主要技术性能和试验方法也已接近美国及日本。《机动车辆制动液》（GB 12981—2003）将合成型制动液分为三级：HZY3、HZY4 和 HZY5。其使用性能指标相当于 DOT3、DOT4、DOT5 标准，具有同样良好的高温抗气阻性能和低温性能，在我国的大部分地区都可以使用。各国合成制动液规格标准对照，见表4-8。

各国合成制动液标准参照表   表4-8

标　准	醇醚型				硼酸酯型	硅酮型
中国 GB 10830—1998	JG0	JG1	JG2	JG3	JG4	JG5
中国 GB 12981—2003				HZY3	HZY4	HZY5
美国联邦政府运输部 FMVSS No.116				DOT3	DOT4	DOT5 或 DOT5.1
美国汽车工程师协会 SAE	J1702		J1703			J1705
美国汽车工程师协会 SAE J			J1703		J1704	J1705
日本 JIS K 2233—1995				BF-3	BF-4	BF-5 或 BF-5.1
国际标准化组织 ISO 4925				Class3	Class4	Class5.1 或 Class6

2. 制动液的选用

(1) 依据汽车使用说明书的规定选用制动液。市场上销售的各制动液多为进口品牌，质量可靠，选用方便。普通汽车可使用DOT3型号的制动液，比较高级的车辆可选用DOT4型号的制动液。

(2) 合理选用国产制动液。合成制动液适用于高速重负荷和制动频繁轿车和货车；醇型制动液可用在车速较低，负荷不大的老式车上；矿物油型制动液可在各种汽车上使用，但制动系需换耐油橡胶件。国产品牌产品质量已经达到同类进口产品水平，且更经济，应优先选用。

3. 制动液选用注意事项

(1) 制动液不能混用。各种制动液绝对不能混用，以免相互间产生化学反应或分层而失去制动作用。

(2) 保持清洁。加注或更换制动液时要注意清洁，制动液须经过过滤，不允许细微杂质混入制动系统。更换下来和装在未密封容器内的制动液不能继续使用。

(3) 注意防潮，定期检测。存放制动液的容器应当密封，防止水分混入和吸收水汽使沸点降低。如存放时间已长，选用时最好检测一下制动液品质，合格时才选用(图4-26)。

图4-26 定期检测制动液品质

◇**温馨提示：**

在山区下坡连续使用液压制动或在高温地区长期频繁制动时，制动蹄片温度可达350~400℃，使制动液温度随之升高达150~170℃，已超过一般合成制动液的潮湿沸点。因此，要注意检查制动液温度，以防因气阻发生交通事故。

防止矿物油混入使用醇型和合成型制动液的制动系统。使用矿物油制动液，制动系应换用耐油橡胶件；使用醇型制动液前，应检查是否有沉淀，如有沉淀应过滤后使用。

二、汽车发动机冷却液的选用

冷却液又称防冻液，是在强制循环式水冷发动机冷却系统中，用于高温机件散热的一种工作介质。现代发动机制作的越来越精良，发动机缸体、缸盖冷却水道越来越小，使用普通水容易产生水垢和锈蚀而堵塞冷却水道,使发动机不能正常工作。因此,防冻液不能仅看成是冬季使用的发动机冷却液,而应全年使用,这样即节省了防冻液又保护了发动机(图4-27)。

1. 发动机冷却液的使用性能

对发动机冷却液的使用性能要求有:防冻、防锈、防沸腾和防水垢等性能。防冻性是指对降低冷却液的冻结温度效果好;防锈性是指对金属的腐蚀要少;防沸腾是指传热效果好,循环冷却液能在较高温度下不沸腾开锅,以保证发动机正常运行;防水垢是指防止水垢形成,有利于冷却系统正常导热,防止过热,利于发动机正常工作,延长工作寿命。此外,对冷却液还有低温黏度不能太大,化学安定性要好,蒸发损失少,泡沫少,不损坏橡胶制品等性能要求,冷却液循环系统,如图4-28所示。

图4-27 低温条件下普通水结冰冻伤发动机

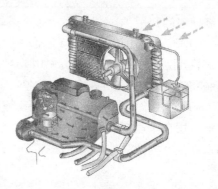
图4-28 冷却液循环系统

2. 冷却液的种类及规格

冷却液的种类主要有:酒精—水型、甘油—水型及乙二醇—水型等。冷却液的冷却效果与酒精、甘油及乙二醇的性质,并与配制比例有关。

(1)酒精—水型冷却液。优点是流动性好,价格便宜,配制简单。但是酒精的沸点低,仅为78.4℃,蒸发损失大,易燃,蒸发后冰点升高。

(2)甘油—水型冷却液。甘油的沸点高,挥发损失小。甘油的冰点为-17℃。但与水混合后冰点可以降低,最低可达-46.5℃。但甘油降低冰点的效率低,使用时不经济。

(3)乙二醇—水型冷却液。这种冷却液沸点高,挥发损失小,使用周期长,使用中要及时补充蒸发掉的水。冰点低,最低可达-68℃。缺点是乙二醇有毒,配制时须注意。乙二醇在使用中易氧化生成酸性物质,对冷却系有腐蚀作用。因此在配制时,必须要加入一定量的防腐蚀添加剂。目前,国内外普遍采用乙二醇—水型冷却液。

我国汽车发动机冷却液的相关标准是《汽车及轻负荷发动机用乙二醇型发动机冷却液》(SH 0521—1999)和交通行业标准《汽车发动机冷却液安全使用技术条件》(JT 225—1996)。SH 0521—1999标准等效采用美国材料与试验协会标准《轿车及轻型卡车用乙二醇型发动机冷却液规范》(ASTM D3306—1994),将产品分为浓缩液和冷却液,其中将冷却液按其冰点分为-25号、-30号、-35号、-40号、-45号和-50号6个牌号。浓缩液是由乙二醇、适量的防腐添加剂、消泡剂和适量的水组成。浓缩液中的水是溶解添加剂并保证产品在-18℃时能从包装容器中倒出。常见的几种发动机冷却液,如图4-29所示。

图 4-29　常用的几种发动机冷却液

3. 冷却液的选用及注意事项

发动机冷却液防冻性的选择原则是汽车发动机冷却液的冰点要比车辆运行地区的最低气温低 10℃左右，以确保在特殊情况下冷却液不冻结。发动机冷却液的产品配方很多，车主在对冷却液产品选择时应以汽车制造厂家的规定或推荐为准。

使用冷却液时应注意以下几点：

（1）不同品牌冷却液不可混用，以免产生沉淀，造成冷却液性能变差，影响发动机的散热效果。

（2）冷却液应常年使用，发现冷却液缺少时，应及时给予补充。如图 4-30 所示，补充冷却液若无同类型产品，可加蒸馏水或软水，不可随意添加其他品牌的冷却液或未经软化处理的水。

◇温馨提示：稀释浓缩液时要使用蒸馏水或去离子水。乙二醇冷却液有毒，切勿入口，若沾染到皮肤上时，应及时用清水冲洗干净。为在外观上便于识别，正规厂家生产的乙二醇冷却液都用着色剂将其染成绿色或蓝色。

三、汽车润滑脂的选用

如图 4-31 所示，润滑脂俗称黄油，实际上是一种稠化了的润滑油，它是将稠化剂分散于液体润滑剂中所组成的一种稳定的固体或半固体产品。润滑脂由基础油（润滑液体）、稠化剂和添加物（添加剂和填料）三部分组成。主要用于汽车轮毂轴承及底盘各活络关节处的润滑。

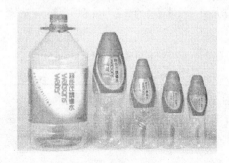

图 4-30　饮用蒸馏水

一般为浅黄至暗褐色，多呈纤维结构，具有一定光泽，为不透明或半透明的一种半固体（或半流动）状的可塑性润滑材料。在常温下为膏状，高温和运动状态下膏质软化以至成为流体，当运动停止后，它又逐渐恢复到膏状（号数表示软硬）。

图 4-31　润滑脂

1. 润滑脂的使用性能要求

根据汽车用脂部位的工作条件,对其性能的基本要求是:适当的稠度、良好的高低温性能,以及抗磨性、抗水性、防锈性、防腐性和安定性等(图4-32)。

稠度是指润滑脂的浓稠程度,常用锥入度表示;润滑脂抗磨性意义与润滑油一样。润滑脂的稠化剂本身就是油性剂,因此润滑脂的抗磨性一般比基础油要好;抗水性差的润滑脂,遇水后稠度下降,甚至乳化而流失。汽车在雨天和涉水行驶时,底盘各摩擦点可能与水接触,要求使用抗水性能良好的润滑脂。

图4-32 滚动轴承的润滑要求

2. 润滑脂的种类及选用

润滑脂的种类有:钙基润滑脂、钠基润滑脂、钙钠基润滑脂、通用锂基润滑脂、汽车通用锂基润滑脂、极压锂基润滑脂、石墨钙基润滑脂等。常用各类润滑脂使用性能如表4-9所示。

常见润滑脂的种类及适用范围   表4-9

润滑脂种类	特性及适用范围
钙基润滑脂	抗水性好,耐热性差,使用寿命短,最高使用温度范围为 -10～60℃,适用于汽车轮毂轴承、底盘拉杆球节、冷却液泵轴承等部位
钠基润滑脂	耐热性好,抗水性差,有较好的极压减磨性能,使用温度可达120℃,只适用于低速高负荷轴承,不能用在潮湿环境或水接触部位
钙钠基润滑脂	耐热性、抗水性介于钙基和钠基脂之间,使用温度不高于100℃,不宜于低温下使用,适用于不太潮湿条件下滚动轴承,如底盘、轮毂等处的轴承
复合钙基润滑脂	较好的机械安定性和胶体安定性,耐热性好,适用于较高温度及潮湿条件下润滑大负荷工作的部件,如汽车轮毂轴承等处的润滑,使用温度可达150℃左右
通用锂基润滑脂	具有良好的抗水性、机械安定性、防锈性和氧化安定性,适用于 -20～120℃温度范围内各种机械设备的滚动和滑动轴承及其他摩擦部位的润滑,是一种长寿命通用润滑脂
汽车通用锂基润滑脂	良好的机械安定性、胶体安定性、防锈性、氧化安定性、抗水性,适用于 -30～120℃下汽车轮毂轴承、冷却液泵、发电机等各摩擦部位润滑,国产和进口车辆普遍推荐用此油脂,特别是南方山区
极压锂基润滑脂	有极高极压抗磨性,适用于 -20～120℃下高负荷机械设备的齿轮和轴承的润滑,部分国产和进口车辆推荐使用
石墨钙基润滑脂	具有良好的抗水性和抗碾压性能,适用于重负荷、低转速和粗糙的机械润滑,可用于汽车钢板弹簧、起重机齿轮转盘等承压部位

我国大部分车辆使用2号、3号钙基润滑脂,这在一般使用条件下能满足要求。其中,2号钙基润滑脂的稠度较小,从便于加注和减少摩擦阻力方面考虑,在使用温度不高的条件下,用2号钙基润滑脂较为适宜。在南方的夏季或山区行驶,且轴承温度较高的情况下,宜使用3号钙基润滑脂(图4-33)。

钢板弹簧润滑一定用石墨润滑脂,如果用钙基润滑脂,容易造成钢板弹簧损坏。特别是在工地、山地及道路差的路况下行驶时,车辆颠簸大,钢板弹簧所承受的冲击负荷大,更易损坏。由于在石墨润滑脂中加有石墨,因此填充了钢板间的粗糙面,提高了钢板弹簧耐压、耐冲击负荷的能力(图4-34)。

图4-33　国产2号钙基润滑脂

图4-34　用于钢板弹簧的石墨润滑脂

3. 润滑脂选用注意事项

(1)锂基脂为外观发亮的奶油状油膏,有良好的低温性、抗磨性、抗水性、抗腐蚀性和热氧化安定性,是目前最常用的一种多效能的润滑脂,适用范围广,推荐选用锂基润滑脂(图4-35)。

(2)保持清洁。涂脂前零件要清洗干净,不同种类的润滑脂不能混用,新旧润滑脂不能混用,在换润滑脂时,一定要把废旧润滑脂清洗干净,才能加入新润滑脂。

(3)用量适当。更换轮毂轴承润滑脂时,只要在轴承的滚珠(或滚柱)之间塞满润滑脂,而轮毂内腔采用"空毂润滑",即在轮毂内腔仅薄薄地涂上一层润滑脂,起防锈作用即可。不应采用"满毂润滑",即把润滑脂装满轮毂内腔。这样即不科学,又很浪费,还可能会因轮毂过热而使润滑脂流到制动摩擦片表面,造成制动失灵,影响行车安全。

图4-35　常用3号锂基润滑脂

四、汽车转向助力液的选用

现代汽车上许多机构都采用液压传动,如自动变速器、液压制动系统、液压式助力转向系统、液压减振器、自动倾泻机构等。转向助力液也称动力转向油、传动油,是用于液压传动系统中作为工作介质的一种液压油,与自动变速器传动油、制动液以及减振油液类似。

1. 汽车转向助力液的特性及应用

车用液压油作为中间介质,不仅起传递和转换能量的作用,同时还起着液压系统内各部间件的润滑、防腐蚀、冷却、冲洗等作用。除具有齿轮润滑油的性能外,还应具有适宜的黏度和良好的黏温性,良好的热氧化性、良好的抗泡沫性、摩擦特性及密封适应性等。

过去用机械油作为液压油,由于这类油液中没有或很少加入添加剂,致使油液的黏温特性、氧化安定性、抗乳化、抗泡沫及防锈等性能均比较差,不能满足现代汽车液压传动用油的要求。因此,在油液中加入了相应的添加剂,生产了普通液压油、抗磨液压油、低温液压油等多种专用液压油。目前,市场上进口和国产车用液压油,以矿油型合成油为主,使用性能标准广泛等效采用国际标准。按黏度分级(液压油黏度分级方法是用40℃运动黏度的第一中心值为黏度牌号),在《润滑剂、工业用油和相关产品(L类)的分类 第2部分:H 组(液压系统)》(GB/T 7631.2—2003)分类中的(L类)中的 H 组(液压系统)常用液压油有 L-HL、L-HM、L-HV、和 L-HR 等均属矿油型液压油,这类油的品种多,使用量约占液压油总量的85%以上(图4-36)。

图4-36 常用动力转向油

L-HL 是一种精制矿物油,能改善防锈和抗氧化性,常用于低压系统和传动装置中,在0℃以上的环境中使用;L-HM 是抗磨型液压油,适合于低、中、高压系统,适用环境-5~60℃;L-HV 是低温抗磨型液压油,适用于环境温度变化大或工作条件恶劣的低、中、高液压系统,如野外作业工程车辆、军车等;L-HR 也是低温抗磨型液压油,性能与 L-HV 液压油相似,只是在黏温性能方面略有改善。液力系统用油有 L-HA、L-HL 两个品种,相当于 ISO 标准的 HA 和 HN,主要用于车辆自动变速齿轮器、变矩器及转向助力等(图4-37)。

图4-37 高级液压油

2. 转向助力液的选用注意事项

不同的车种和车型的助力转向系统的精密程度和使用要求有差异,因此厂家对油液的选择和换油周期的规定也有所不同。如国内过去一些中低档车的动力转向系统用油为22号汽轮机油或46号液压油,低温寒带地区有选用10号航空液压油、6号或8号液力传动油的。为了减少用油型号,现在新型或高档的车种和车型多选择 ATF 自动传动液或合成液力传动油,这些油品的实际使用性能和寿命都较过去的油品有了很大的改善(图4-38)。

选用注意事项:

图 4-38 通用油

(1) 转向助力液的选择与更换,应依据汽车厂商的车辆保修手册(图 4-39)。

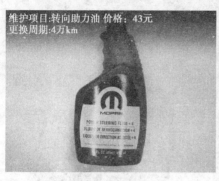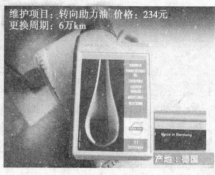

a) 4万km更换　　　　　　　　　b) 6万km更换

图 4-39 按手册要求更换助力液

(2) 定期检查是否缺油,如缺少应及时补加同一品牌转向助力液。

(3) 转向助力液有腐蚀性,可能导致油漆失去光泽,也会导致橡胶配件老化,如有沾染上述位置应及时清洗;驾驶液压转向助力的汽车,在使用过程中避免转向打死,长时间如此会烧蚀助力转向油泵。

◇温馨提示:应注意切勿将转向助力用油和制动液混淆!否则会导致系统失灵。转向助力液也是转向系统的润滑剂,因此液位过低或储液罐内无液压油时切勿行驶。若行驶,不但会严重损坏转向油泵及其他零部件,还可能导致转向系统失灵。转向助力液含有致癌物质,如果沾到皮肤应及时清洗干净。

课题五 汽车轮胎的选用

轮胎是汽车重要的运行材料,由橡胶、炭黑、橡胶添加剂和用作帘布层的尼龙丝、聚酯纤维或钢丝等制成,其中,橡胶是最主要的原料。轮胎的合理使用,直接影响到汽车行驶的安全性和使用的经济性。轮胎的技术状况可使汽车油耗在 10%~15% 范围内变化,轮胎的耗费约占汽车运输成本的 10%。

一、轮胎的分类及结构

1. 轮胎的分类

如表 4-10 所示,轮胎可按结构、充气压力、胎面花纹等进行分类。

轮胎的分类 表4-10

分类情况	轮胎类别及特点	结构图示
按结构分	有内胎轮胎	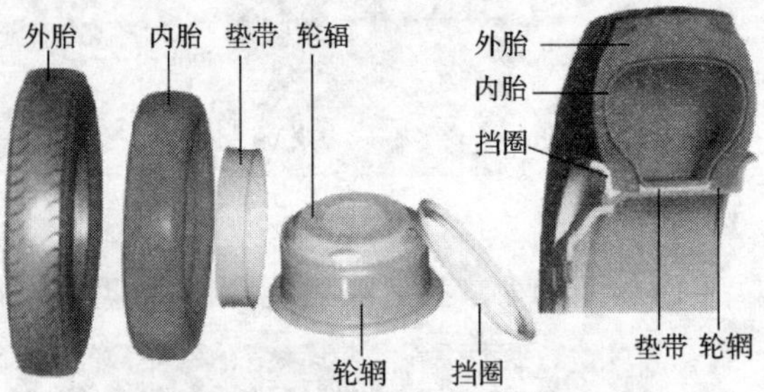外胎 内胎 垫带 轮辐 轮辋 挡圈 外胎 内胎 挡圈 垫带 轮辋
	无内胎轮胎:气密性好,通过轮辋散热,温升低,使用寿命长,结构简单,质量轻。缺点是途中难修理	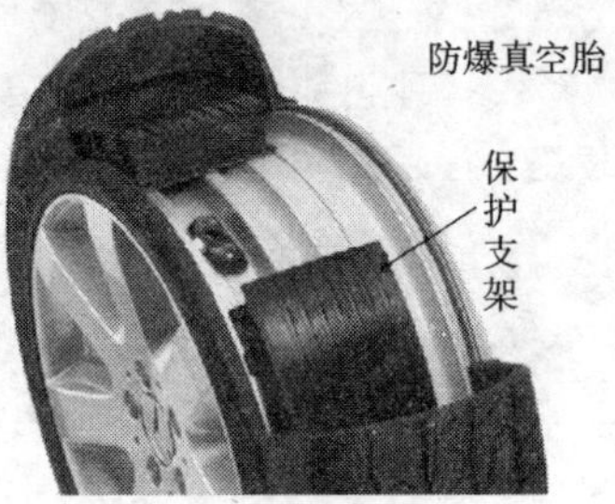防爆真空胎 保护支架
按充气压力高低分	高压胎:充气压力为0.5~0.7MPa	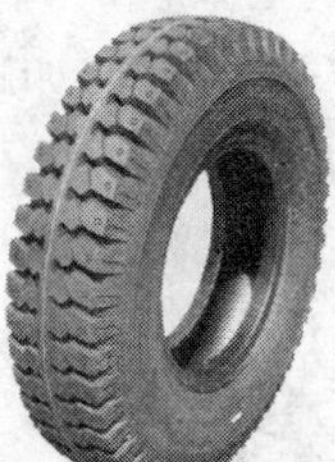
	低压胎:充气压力为0.2~0.5MPa	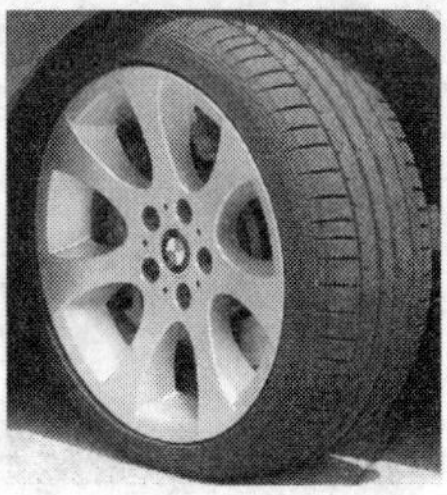
	超低压胎:充气压力为0.2MPa以下	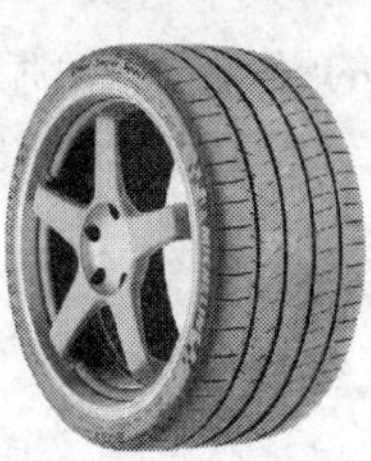

续上表

分类情况	轮胎类别及特点	结 构 图 示
按照胎面花纹分	普通花纹轮胎：排水性较差，只适用于坚实的路面，轮胎摩擦力比较小，噪声较小。分为纵向花纹、横向花纹和纵横兼有花纹	
	混合花纹轮胎：混合花纹是普通花纹和越野花纹的一个综合体，适合所有路段。货车和四轮驱动的乘用车多使用这种形式的花纹轮胎	
	越野花纹轮胎：表面强硬，有很深的沟槽，适应复杂路面，具备很好的抓地性。分为无向和有向花纹两种	
按轮胎高宽比（H/B）分	窄基轮胎（$H/B>0.95$）；宽基轮胎（$H/B=0.95$）；普通断面轮胎（$H/B=0.83$）；低断面轮胎（$H/B=0.65$）；超低断面轮胎（$H/B<0.65$）	轮胎断面高度H与断面宽度B的比例为轮胎高宽比
按胎体中帘线排列方向分	普通斜交轮胎：各层帘线交叉排列，与胎冠中心线呈35°~40°的交角，因而叫斜交轮胎	
	子午线轮胎：子午线轮胎的帘线与胎面中心线呈90°或接近90°角排列，帘线分布如地球的子午线，因而称为子午线轮胎	

2. 轮胎的结构

(1) 有内胎轮胎的结构：有内胎轮胎由外胎、内胎和垫带等组成。

外胎主要由胎面、缓冲层或带束层(缓冲层)、帘布层和胎圈四部分组成(图4-40)。

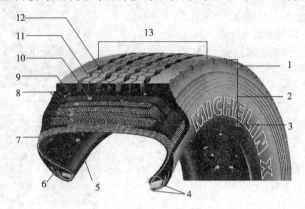

图4-40　外胎结构

1-胎肩；2-胎侧；3-趾口；4-趾口钢丝；5-气密层；6-趾口保护层；7-胎体层；8-胎冠带束层；9-胎冠保护层；10-胎面底胶；11-胎面花纹沟；12-胎面花纹；13-胎冠

内胎是装在外胎里面的带有气门嘴的弹性橡胶管，作用是保持气密性。垫带是一个环形橡胶带，安装在内胎与轮辋之间，以防止内胎被轮辋和外胎的胎圈擦伤(图4-41)。

(2) 无内胎轮胎的结构：无内胎轮胎没有内胎和垫带，在外观上与普通轮胎相似，不同的是轮胎的内壁上附加了一层厚约2~3mm的橡胶密封层(图4-42)。

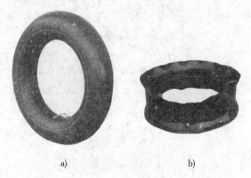
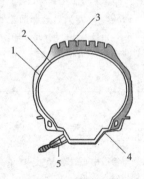

图4-41　内胎与垫带　　　　　　　　图4-42　无内胎轮胎的结构
　　a)内胎；b)垫带　　　　　　1-橡胶密封层；2-自粘层；3-槽纹；4-轮辋；5-气门嘴

二、轮胎上的标记

汽车轮胎的标记直接镌刻在轮胎的侧壁上，用字母、数字或英文来表示。它将轮胎的有关资料集合起来，标志于轮胎之上，是一份轮胎的使用说明书，如图4-43所示。

1. 轮胎的规格

轮胎规格是轮胎标记中最重要的部分，它是轮胎几何参数与物理性能的标志数据。按国家标准规定，在外胎的两侧要标出生产编号、制造厂商标、尺寸规格、层级、最大负荷和相应气压、胎体帘布汉语拼音代号、安装要求和行驶方向记号等。轮胎规格常用一组数字表示(图4-44)。

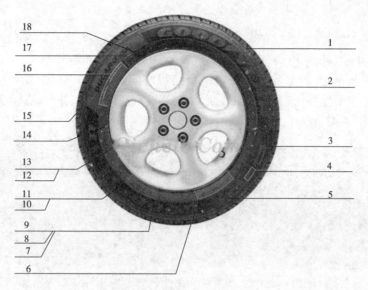

图4-43 固特异轮胎的标记

1-商标;2-磨耗指示点;3-磨耗级数;4-抓地级数;5-温度级数;6-制造国名;7-胎体结构;8-钢丝带束层;9-胎面底结构;10-无内胎;11-子午线结构;12-最大充气压力;13-最大载质量;14-装胎指示线;15-花纹代号;16-规格;17-载重指数;18-速度级别

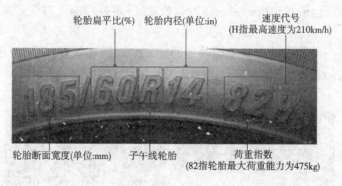

图4-44 轮胎标记

◇温馨提示:轮胎中间的字母或符号有特殊含义:"R"表示子午胎;"D"、"—"表示斜交胎;"XL"表示局部加强胎;"TG"表示工程牵引车和平地机轮胎(非公路用);"NHS"表示非公路用轮胎。

2.轮胎其他主要标记解读

(1)轮胎额定层数:又叫层级,是指轮胎橡胶层内帘布的公称层数,与实际帘布层数不完全一致,是轮胎强度的重要指标。层级用中文标志,如12层级;或用英文标志,如8PR即8层级,如图4-45所示。

(2)帘线材料:有的轮胎单独标示,如"尼龙"(nylon),一般标在层级之后;有的轮胎厂家标注在规格之后,用汉语拼音的第一个字母表示,如9.00—20N、7.50—20G等,N表示尼龙、G表示钢丝、M表示棉线、R表示人

图4-45 轮胎标注的层级强度

造丝。

(3) 负荷及气压：一般标示最大负荷及相应气压，负荷以"kg"为单位，气压即轮胎胎压，单位为"kPa"（图4-46）。

(4) 轮毂规格：轮毂宽度是指轮毂两侧凸缘之间的距离。例如，轮毂中标的"7.0J"，"7.0"指的是7in，"J"代表轮毂凸缘的形状和高度（还有C、JJ、JK、K等高度，C为最低，K为最高），如图4-47所示。

图4-46　轮胎胎压单位(kPa)　　　　　图4-47　轮毂规格

(5) 平衡标志：轮胎侧面注有"△"、"—"、"□"等符号或注有"W"、"D"等文字（也有用彩色橡胶制成标记形状印记），表示轮胎此处最轻，组装时应正对气门嘴，以保证整个轮胎的平衡性。

(6) 滚动方向：轮胎上的花纹对行驶中的排水防滑特别关键，所以花纹不对称的越野车轮胎常用箭头标志装配滚动方向，以保证设计的附着力、防滑等性能。如果装错，则适得其反（图4-48）。此外，轮胎上还标有向外装配标记，安装时向外侧。

图4-48　轮胎滚动方向与外侧装配标记

(7) 磨损极限标志：轮胎胎面或胎侧用橡胶条、块标示轮胎的磨损极限，一旦轮胎磨损达到这一标志位置，应及时更换（图4-49）。

(8) 生产批号：用一组数字及字母标志，表示轮胎的制造年月及数量。如"98N08B5820"表示1998年8月B组生产的第5820只轮胎。生产批号用于识别轮胎的新旧程度及存放时间。

(9) 商标：商标是轮胎生产厂家的标志，包括商标文字及图案，一般比较突出和醒目，易于识别。大多与生产企业厂名相连标示。

(10) 其他标记：如产品等级、生产许可证号及其他附属标志。作为选用时的参考资料和信息。

项目四 汽车运行材料选用

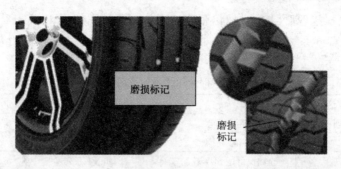

图 4-49 轮胎磨损极限标志

三、轮胎的合理选用

1. 选用原配轮胎

选用汽车轮胎,主要是依据汽车厂商的车辆用户手册或说明书相关说明进行选择。当然,同一规格轮胎还有不同类型、特性等供车主选用。那么就需要从类型、使用经济性、使用特性等多方面考虑。

(1) 类型的选择。轮胎类型主要依据汽车类型和行驶条件来选择,货车普遍采用高强度尼龙帘布轮胎,使轮胎承载能力提高,越野车选用胎面宽、直径较大的超低压胎,轿车宜采用直径较小的宽轮辋低压胎,以提高行驶稳定性,由于子午线的结构特点使其有很多优点,应为优先选择之列。

(2) 花纹的选择。轮胎花纹主要是根据道路条件、行车速度、道路远近来进行选择。高速行驶汽车不宜采用加深花纹和横向花纹的轮胎,不然会因过分生热引起早期损坏。低速行驶的汽车轮胎,应采用加深花纹或超深花纹,可提高轮胎使用寿命。

(3) 尺寸和气压的选择。轮胎尺寸和气压主要是根据汽车承受载荷情况和行驶速度来选择,所选轮胎在承受静负荷值应等于或接近于轮胎的额定负荷。这些可通过查阅国家标准获得。值得注意的是,在设定轮胎的实际使用气压时,应综合考虑汽车的运动性能,燃油经济性能,振动和噪声等,才能延长轮胎的使用寿命。

2. 选用不同品牌的轮胎

由于多种原因,面对众多轮胎品牌和不同的系列,很多用户不换用原装轮胎,而是想改善一下车辆的某种性能,无论是静音也好、改善操控性能也罢,选用起来就复杂些。依据目前市面上常见的轿车轮胎品牌和系列,选择轮胎时主要应该考虑的问题有如下几点。

(1) 识别和选定轮胎的品牌。

市面上的轮胎品牌纷繁杂乱,较常见的如:意大利的倍耐力,法国的米其林,美国的固特异等。这些都是国外品牌,涵盖高、中、低端三个级别,每个品牌的轮胎可分为轿车轮胎、SUV 轮胎、卡车轮胎等几个大类(图 4-50)。

选择轮胎品牌,用户可以依据自己需要选定:要经济耐用,如锦湖的 Touring 系列、米其林 Energy 系列;要舒适静音,如米其林 Primacy 系列、锦湖

图 4-50 识别轮胎的品牌

Ecsta 系列;要高操控、高性能的,如倍耐力 P Zero 系列、固特异 Eagle F1 系列等;要越野的,有倍耐力 P Zero 系列、固特异 Wrangler 系列等,常见品牌部分轮胎系列及定位如表 4-11、表 4-12 所示。

常见品牌部分轮胎系列及定位(一)　　　　　　　　　表 4-11

倍耐力系列及定位		固特异系列及定位	
Cinturato 系列	经济节能	Eagle 系列	静音舒适
P Zero 系列	高性能、高操控	Assurence 系列	省油、耐用
Scorpion 系列	全路况舒适 SUV 轮胎	Eagle F1 系列	高性能、高操控
P Zero 系列	高性能、高操控 SUV 轮胎	Wrangler 系列	全天候城市 SUV 轮胎

常见品牌部分轮胎系列及定位(二)　　　　　　　　　表 4-12

米其林系列及定位		锦湖系列及定位	
Energy 系列	经济耐用	Touring 系列	经济耐用
Primacy 系列	静音舒适	Solus 系列	舒适
Pilot 系列	高性能、高操控	Ecsta 系列	舒适、高性能
Lattute 系列	高性能、高操控 SUV 轮胎	Road Venture 系列	高性能、高操控 SUV 轮胎

(2)产地决定价格,用户应根据自己的需要选定。轮胎的产地主要分为国产和进口两种,国产的轮胎一般侧重于耐用和静音舒适,价格相对进口轮胎低廉;而进口的轮胎则偏重操控性能,价格较高、性价比低,大多是高性能的轿车专用轮胎。如果是运动轿车,只能选进口的高性能轮胎。

图 4-51　扁平比标志

(3)选择合适规格的轮胎。

①同一系列的轮胎特性基本相同,但同一系列不同规格的轮胎在性能上也会有一定差别。例如,扁平比,轮胎的扁平比越小,轮胎越薄,减振效果就会越差,"路感"却也越好;相反,扁平比越大,轮胎越厚,减振效果越好,"路感"却越差。但最为关键的是选择适合车辆轮毂规格的轮胎(图 4-51)。

②胎宽由轮毂的宽度决定。由于轮毂宽度决定了可安装的轮胎宽度,对照下表数据可以知道轮毂与轮胎的最佳配对,如轮毂的宽度为 7.0J,则 215 是最佳选择(表 4-13)。

不同尺寸的轮毂对应的轮胎　　　　　　　　　表 4-13

轮毂宽度(单位:in)	可选胎宽(单位:mm)	最佳轮胎胎宽(单位:mm)	可选胎宽(单位:mm)
5.5J	175	185	195
6.0J	185	195	205
6.5J	195	205	215
7.0J	205	215	225
7.5J	215	225	235
8.0J	225	235	245
8.5J	235	245	255
9.0J	245	255	265
9.5J	265	275	285
10.0J	295	305	315
10.5J	305	315	325

(4)按用途选择花纹。

①轮胎的花纹分有轿车花纹、越野花纹和载货汽车等价格不同的种类。其中,轿车花纹注重舒适、操控性等方面,装在轿车上;越野花纹,注重操控性能、越野性能等方面,装配在 SUV 上(图4-52)。

②购买和安装时,需要分清楚所选择的轮胎花纹是对称的还是非对称的。对称花纹轮胎的静音和舒适性较强,安装不分内外侧。非对称花纹轮胎的稳定性、排水性和运动性较强,但安装分内外侧,不得装反方向。非对称花纹的轮胎外侧一般会印有"OUTSIDE"的字样、生产日期或者"DOT"的标记,通过这3种不同标志中的一个即能判断出轮胎的外侧(图4-53)。

图4-52 按用途选择花纹

图4-53 非对称轮胎花纹标识

③单导向轮胎。单导向轮胎安装比非对称花纹轮胎更严格,专为高速行驶设计,强调抓地力,具有运动阻力小、速度级别高、操控性能好,不容易发生吃胎等特点。不过,其最大的缺点是噪声太大。胎侧有"Rotation"的标志,表示它就是单导向轮胎。

(5)识别"3T"标志,合理选择轮胎。"3T"标志是最直观辨别轮胎性能的指数。美国交通运输部规定,轿车轮胎上必须有轮胎磨耗(TREAD WEAR)、牵引力(TRACTION)、生热(TEMPERATURE)3个标志,简称为"3T"标志(图4-54)。

①磨耗指数(TREAD WEAR):它是主要衡量轮胎胎面磨损性能和使用寿命的标志。轮胎磨耗指数在160~300之间的轮胎为夏天标准型;160~200之间的轮胎为夏天高性能型;而300~540之间的为全天候标准型;数值越高,轮胎越耐磨。

②轮胎牵引力指数(TRACTION):是衡量轮胎与地面的附着性能,它分为 AA、A、B、C 四个级别,其中 AA 级最高。

③生热指数(TEMPERATURE):指的是轮胎的抗热量产生能力,与轮胎的高速性能有关。分为 A、B、C 三个级别,A 级最佳。越高级的轮胎,能更多减少轮胎的生热,使用寿命更长(图4-55)。

图4-54 "3T"标识

图4-55 生热指数

（6）速度级别、载重指数等参数，如有需要在选购时也要弄清。部分参数可参照表4-14、表4-15所示。

最高时速的代号　　　　　　　　　　　　　　　　表4-14

速度符号	速度(km/h)	速度符号	速度(km/h)	速度符号	速度(km/h)
J	100	Q	160	W	270
K	110	R	170	Y	300
L	120	S	180	VR	>210
M	130	T	190	ZR	>240
N	140	H	210	ZR(Y)	>300
O	150	V	240		

载重代号限额的代号　　　　　　　　　　　　　　表4-15

载重指数	每条轮胎载重(kg)	载重指数	每条轮胎载重(kg)	载重指数	每条轮胎载重(kg)
75	387	84	500	93	650
76	400	85	515	94	670
77	412	86	530	95	690
78	425	87	545	96	710
79	437	88	560	97	730
80	450	89	580	98	750
81	462	90	600	99	775
82	475	91	615	100	800
83	487	92	630	101	825
102	850	111	1090	120	1400
103	875	112	1120	121	1450
104	900	113	1150	122	1500
105	925	114	1180	123	1550
106	950	115	1215	124	1600
107	975	116	1250	125	1650
108	1000	117	1280	126	1700
109	1030	118	1320		
110	1060	119	1360		

3. 选购轮胎注意事项

（1）注意轮胎生产日期。维护自己的权益，拒绝轮胎"劣质门"。在购买更换新轮胎时，注意鉴别轮胎的真伪以及优劣。轮胎是橡胶制品，因而也有"保鲜期"。一般轿车用轮胎的"保鲜期"为5年，超过这个年限后，轮胎的胎面橡胶便会严重老化，性能下降非常多。除了性能下降，轮胎也会出现各种问题，如容易鼓包或者开裂等（图4-56）。

轮胎在出厂的时候会在轮胎胎侧靠近轮毂的位置印上四位数字，这四位数字就是轮胎的生产日期。这四位数字前两位表示轮胎生产的周，后两位表示轮胎生产的年份。通过这四位数字,我们则可判断轮胎是在什么时候生产的。如果轮胎的生产日期比较久远(半年以上),则很可能是库存,选购时应该要求商家更换较为近期的产品。

(2)识别翻新胎。翻新轮胎以及正品的轮胎的最大区别在于耐磨性上,翻新轮胎的行驶里程可能只有正品全新轮胎的一半或者更短。翻新轮胎是低成本翻新,与全新胎在外观上有较大的区别(图4-57)。

图4-56 选用近期生产的轮胎

识别的方法是:首先,翻新胎表面一般会有一层蜡,看上去会特别亮,而且用手指大力按在胎面上会留下指纹;而全新胎的胎面用力按压一般不会留下痕迹。其次,用力拉一下新轮胎表面的橡胶钉以及磨损标记,正品的轮胎橡胶一般弹性较好。最后用钥匙轻轻划一下轮胎表面,正品的新胎一般不会留下划痕。新轮胎橡胶弹性较好,胎钉富有弹性,如图4-58所示。

图4-57 新轮胎表面不会很亮

图4-58 新轮胎橡胶弹性较好

项目五　汽车日常清洁维护

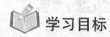学习目标

完成本项目学习后,你应能:
1. 知道汽车维护的分类和相关内容;知道汽车日常维护作业项目方法;
2. 认识到用车前后的"三检"意义和"四漏"、"四清"维护工作的重要性;
3. 会清洁、更换刮水器和检查洗涤器;
4. 会对汽车外观、发动机外表进行清洁;完成汽车日常清洁维护作业。

建议课时:8课时。

课题一　汽车的日常维护

汽车作为现代人的主要交通运输工具,为我们提供了方便快捷的交通。由于汽车维护项目繁多,驾驶人应认真遵守《汽车使用说明书》,正确执行汽车维护的相关规定,确保车辆的完好状况,才能确保行车安全。汽车日常维护是保证汽车良好的动力性、经济型、安全性、舒适性、环保性能的有效手段,正如人即使不生病,也要定期做体检一样,汽车使用维护与修理的"七分养,三分修"的观念必须深入到用户的心中。

汽车日常维护包含了汽车日常使用的方方面面。汽车日常清洁维护是保持车容车貌、整洁外观及良好技术状况的基础,也是汽车维护的一项经常性、基础性工作。

一、汽车维护的分类

汽车行驶一定里程后,按照使用说明书的要求,要对汽车的各总成及附属设备进行清洁、检查、调整、润滑等维护作业,以消除各种故障隐患,保持和恢复汽车良好的技术性能。

汽车维护正是保持汽车处于良好的技术状况而进行的一系列工作(图5-1)。

国家标准《汽车维护、检测、诊断技术规范》(GB/T 18344—2001)中对汽车的各类维护做了明确的规定。按此标准,我国汽车维护制度分为定期维护和非定期维护两类,按维护作业组合的深度和广度又分为不同等级。定期维护分为:日常维护、一级维护、二级维护三个等级;非定期维护分为走合维护和季节维护两个等级。

图5-1　汽车维护

二、定期维护简介

1. 日常维护内容

日常维护是由驾驶人负责执行的日常性车辆维护作业,作业的中心内容是清洁、补给和安全检视。主要作业项目如下。

(1)坚持"三检",即出车前、行车中、收车后检视车辆的安全机构,灯光、信号装置,各部位机件连接的紧固情况及对发动机进行检视确保行车安全。

(2)保持"四清",即保持车辆、空气滤清器、燃油滤清器和蓄电池的清洁。

(3)防止"四漏",即防止出现漏水、漏油、漏气和漏电现象。

(4)保持车容、车貌整洁为主要作业项目。

常见小型车辆的日常维护作业项目内容见表5-1。

日常维护作业项目内容　　　　　　　　表5-1

分类	作业内容
车身外部	①检查、清洁驾驶室内外各镜面与各风窗玻璃; ②检视整车外观、油漆和腐蚀情况; ③检查调整轮胎状况和车轮固定螺栓紧固情况; ④检查、调整刮水器刮水片状况; ⑤检查全车各部液体泄漏情况; ⑥检查、润滑车门和发动机舱盖
车身内部	①检查、调整灯光、信号状态; ②检查维修提醒指示器和警告蜂鸣器的状态; ③检查、调整喇叭的状态; ④检查刮水器、风窗玻璃清洗器状态; ⑤检查风窗玻璃除霜器工作情况; ⑥检查、调整后视镜、遮阳板; ⑦检查转向盘自由行程以及转向盘回转平顺情况; ⑧检查、调整前排座椅状态; ⑨检查、调整安全带技术状况; ⑩检查加速踏板操作情况; ⑪检查离合器、制动踏板的自由行程,以及踩下、抬起的平顺情况; ⑫检查行车制动器的性能; ⑬检查驻车制动器的驻车性能; ⑭检查自动变速器驻车挡的性能
发动机舱	①检查、补充发动机机油; ②检查、补充发动机冷却液; ③检查、补充风窗玻璃清洗器液量; ④检查并清除散热器的污物,紧固软管管箍,检查其老化情况; ⑤检查、调整蓄电池液面高度或检查免维护蓄电池比重计显示情况; ⑥检查、补充制动、离合器液压主缸液量; ⑦检查、调整发动机驱动皮带紧度,检查其老化、断裂等损坏情况; ⑧检查、补充自动变速器液量; ⑨检查、补充动力转向液; ⑩检查排气系统固定和其他变化情况

汽车日常维护作业流程主要是通过出车前、行车中和收车后的维护来完成的(图5-2)。

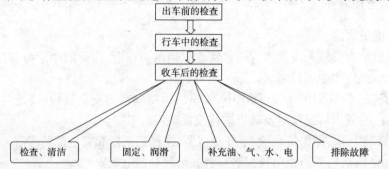

图5-2 汽车日常维护作业的流程

2. 一级、二级维护简介

（1）一级维护：一级维护由维修企业负责执行，一般按汽车生产厂家推荐或规定的行驶里程，由专业维修工负责实施。周期通常为2000～3000km或根据车况要求，其作业项目中心内容除日常维护作业外，以清洁、润滑、紧固为主，并检查车辆制动、操纵等重要安全部件。一级维护作业流程如图5-3所示。

（2）二级维护：二级维护依据各地使用条件不同在10000～15000km范围内选定。二级维护以检查、调整为中心，对行驶一定里程的车辆进行一次较深入的技术状况检查和调整，其目的是为了保持车辆在以后较长时间内，能保持良好的运行性能。二级维护作业内容较多，除一级维护的全部工作外，还必须消除一些维护工作中发现的故障和隐患，维护的时间较长，由专业维修工人负责实施。凸轮轴正时齿带轮紧固力矩检查，如图5-4所示。

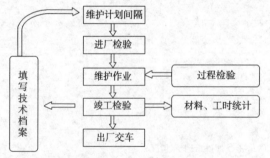

图5-3 汽车一级维护作业流程　　图5-4 凸轮轴正时齿带轮紧固力矩检查

进行二级维护前，驾驶人应将汽车运行中的不良技术情况提供给执行维护工作的维修工，以提高维护质量。同时，驾驶人也应了解二级维护的主要内容，以便对维护的质量有所掌握。二级维护作业流程，如图5-5所示。

◇温馨提示：汽车日常维护最应该做的是换机油和机油滤芯；洗车，检查轮胎表面和气压、机油量、冷却液位、制动油位。发动机养护的五要点：

（1）使用适当等级的机油，定期(每5000km)更换机油和滤芯。

（2）经常护理空气滤清器并定期(每2万km)更换。

（3）定期清洗燃油系统，定期(每3万km)更换燃油滤芯。

（4）定期(3万km)护理冷却液箱散热网。

（5）定期(4万km或行驶情况)更换火花塞。

三、不定期维护

1.汽车走合期的维护

从爱护车辆、保障安全、延长汽车使用寿命和减少今后正常用车出现问题的方面考虑,汽车在走合期内除了限速、减载和正确驾驶外,应分阶段进行必要的维护。汽车在走合期内的维护内容,可依据车辆用户手册或保修手册等说明进行,如果没有明确规定,一般的做法如下。

(1)走合前的维护。如图5-6所示,走合前的维护主要是检查汽车各部分状况,防止汽车出现事故和损伤,保证汽车顺利地完成走合。这部分着重在清洁全车;检查添加燃油、补充冷却液;检查轮胎的气压和车辆灯光仪表;检查蓄电池及制动。

①清洁。清洁全车,检查全车各部位的连接情况,全车外露的螺栓、螺母必须紧固牢固(图5-7)。

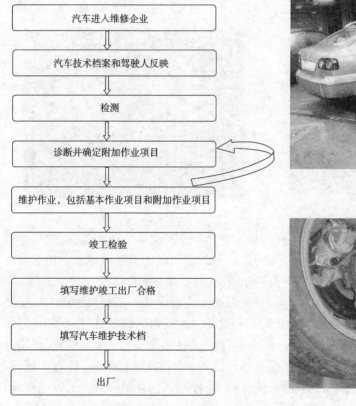

图5-6　清洗车辆

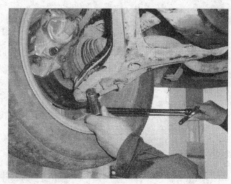

图5-5　汽车二级维护作业流程　　　　　　图5-7　检查螺栓紧固力矩

②检查、添加燃油和润滑油料。驾驶新车前,应将各润滑部位按规定加注足够的润滑油或润滑脂,使用规定标号汽油或柴油(图5-8)。

③检查、排除"四漏"现象。检查排除全车的漏油、漏气、漏水和漏电现象(图5-9)。

④检查底盘的技术状况。检查变速器各挡位能否正确变换;检查和调整轮胎气压。检查转向机构各部位螺栓有无松旷现象,若变速器或转向系统等部位存在故障,应及时进

行维修(图5-10)。

⑤电气系统检查,主要检查蓄电池、灯光,特别是在长途行车前,更应着重检查车辆电气系统(图5-11、图5-12)。

图5-8 加注燃料

图5-9 注意检查管路

图5-10 检查转向机构

图5-11 灯光检查

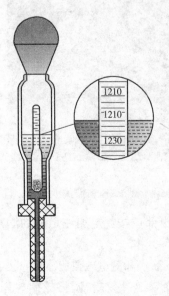

图5-12 蓄电池电解液密度检查

⑥检查制动效能。检查制动系统的性能,路试检查汽车的制动距离,是否有跑偏和制动卡滞等现象。如不符合要求时,应查明原因,及时排除(图5-13)。

(2)走合中的维护。走合中维护是对汽车技术状况开始发生变化的部分进行一次及时的维护,以恢复其良好的技术状况。新车走合中,在100km内,主要是检查、紧固外露的螺栓、螺母;补充冷却液和发动机机油;检查变速器、前后驱动桥、传动轴、轮毂等是否有杂音或有无发热现象;检查制动系统的制动能力及紧固性、密封效果。在1500km时,有条件的可到经销商指定服务站更换发动机机油,并用煤油清洗油底壳,更换机油滤芯,并将前后轮毂螺母进行紧固。国产车需更换变速器、主减速器和转向机内的齿轮油;检查调整离合器踏板自由行程。走合中的维护主要作业内容如下。

①润滑。充分润滑全车的各个润滑点。在最初行驶

阶段,应检查变速器、驱动桥、轮毂和传动轴等处是否发热或有杂音。如发热或者有杂音应查明原因,予以调整或修理。

②检查。检查制动效能和各连接处、制动管路的密封情况,必要时加以调整和紧固,认真做好总成和机件的检查、调整工作(图5-14)。

图5-13 制动盘检查与维修

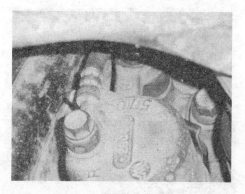

图5-14 制动管路检查

③紧固。新车行驶100km后,需检查一次全车外部螺栓、螺母紧固情况;行驶500km时,应检查、紧固轮毂螺母一次(图5-15)。

④汽车走合行驶过程中,注意观察各总成的温度情况;随时检查和排除"四漏"故障(图5-16)。

图5-15 轮毂螺母紧固力矩检查

图5-16 检查汽车漏液

(3)走合后的维护。汽车走合期结束后,应按规定及时将汽车送到生产厂家指定的维修站进行全车强制维护(图5-17)。其目的一方面是对汽车进行全面的检查、紧固、调整和润滑作业,使汽车达到良好的行驶状态,另一方面是方便汽车生产厂家对汽车售后服务的身份加以认定。

走合结束主要是对车辆进行检查、坚固、调整和润滑;更换机油、机滤;全面检查底盘系统。使汽车达到良好的技术状况后投入正常运行,主要维护作业内容如下。

①更换机油,更换机油滤芯(图5-18)。
②检查、补充发动机冷却液(图5-19)。
③检查、调整发动机传动带预紧度(图5-20)。
④检查、调整制动系统(图5-21)。
⑤检查、调整离合器踏板自由行程(图5-22)。

卡罗拉首次维护在行驶到5000km时进行，免材料费+工时费；第二次维护在行驶到10000km时进行，免工时费。

图 5-17　卡罗拉定期维护规定

图 5-18　更换发动机机油

图 5-19　补充发动机冷却液

对于发动机上的各条传动带，在长途驾驶前均需要进行检查，看是否老化或开裂。

图 5-20　汽车传动带检查

图 5-21　检查制动系统

图 5-22　踏板行程检查
1-自由行程；2-有效行程

⑥检查、紧固、调整悬架和转向机构（图5-23）。
⑦检查全车各部渗漏情况并进行排除；润滑各部铰链；检查轮胎气压，清理异物（图5-24）。
⑧检查电气系统的技术状况（图5-25）。

2. 季节维护

由于季节、气候的变化，必然影响汽车运行条件的变化。为使汽车在不同的地区、不同的季节和温度条件下都能可靠的工作，在季节转换之前，结合定期维护，附加了一些相应的维护作业项目，使汽车能够适应变化的运行条件，这种附加维护称为季节维护或换季维护。车辆季节维护有换入夏季和换入冬季两种情况。

（1）换入夏季维护。夏季高温环境对车辆使用有影响，应提前做好车辆技术维护，高温条件下的维护主要内容有：一是检查冷却系机件，保证齐全、完好。二是改善润滑条件，减轻机件磨损，换用夏季优质润滑油。

①对冷却系进行维护，提高冷却强度，主要是检查冷却系的密封情况；节温器、液温表、液温传感器工作情况；检查调整风扇传动带或风扇电动机的性能；检查冷却液箱是否有水垢或胶质物等，必要时清洗冷却系统和更换冷却液（图5-26）。

图5-23　悬架和转向连接机件松紧度检查

图5-24　轮胎气压、异物检查

图5-25　发动机电气线路检查

图5-26　维护冷却系

②换用夏季用润滑油，适当缩短换油周期。在高温条件下使用时，汽车润滑条件变差，润滑油黏度下降，很容易变质。因此，应适当缩短换油周期和适时更换发动机和变速器等总成的润滑油（图5-27）。

③做好蓄电池维护。进入高温季节时，要适当降低电解液的比重，经常检查蓄电池液面高度，及时补充蒸馏水，保持通气孔畅通。

④做好制动系维护。检查制动主泵和轮泵，检查或更换制动油，彻底排净制动管道的空气。检查、调整制动踏板的高度；气压制动车辆，要注意检查制动皮碗和制动软管，发现损坏应及时更换（图5-28）。

（2）换入冬季维护。车辆主要维护作业内容如下。

①安装保温装置及起动预热装置；测试节温器效能。

图5-27　更换夏季用润滑油

②发动机和底盘各总成均换用冬季用润滑油。
③清洗燃料系各总成部件和管路;有预热阀装置的调整到"冬"位置。
④检查蓄电池液位和密度(图5-29),适当调整蓄电池电解液的密度(适当增大);清洁、检查熔断丝盒,保持熔断丝盒干净。

图5-28 检查制动油品质

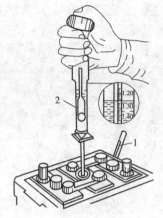

图5-29 蓄电池电解液密度检查
1-密度计;2-温度计

⑤检测防冻液冰点或更换防冻液,换用冬用玻璃水,采取防寒、防冻、防滑等保护措施。

◎温馨提示:制动油、防冻液、电解液等油液有毒性。车辆维护过程中,如果皮肤直接接触到这些油液,应及时清洗干净,防止误服。

课题二　汽车日常"四漏"及检查

在日常用车中,驾驶人坚持做到"三检",即出车前、行车中、收车后检视车辆的安全机构及各部机件连接的紧固情况;保持"四清",即发动机外表、空气滤清器、燃油滤清器和蓄电池的清洁;防止"四漏",即防止漏液、漏油、漏气和漏电,既能保持车容整洁,又能够把行车安全隐患降到最低点。

汽车"四漏"的检查首先可以通过汽车停放场地、机件表面等外部表象,用目视、嗅觉、触觉等直观方法进行检查。观察汽车停放位置有无油污情况,如果发现车下有燃油、润滑油、水或其他液体时,应尽快找到渗漏的具体位置,排除渗漏故障(图5-30)。

◎温馨提示:红色液体一般是从液力助力转向机和自动变速器泄漏出来的;淡绿色液体或无色液体可判定为是防冻液;淡黄色液体多为制动液和离合器操纵机构的液体;棕色或黑色液体多为发动机泄漏的机油;清洁的水滴一般是热天使用空调制冷所致,微量滴水,则属正常现象。

一、漏液检查

漏液是发动机冷却系统的常见故障,主要出现在冷却液管机件连接部位、冷却液泵水封等。当发动机出现冷却液渗漏时,驾驶人可视渗漏程度和部位利用身边的生胶带、塑料袋、电工胶布或不干胶甚至是口香糖、香烟过滤嘴等物品进行应急处理,并应尽快送修,以防缺水导致高温,损伤发动机(图5-31)。

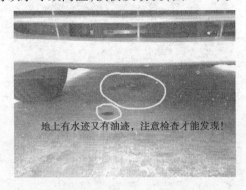

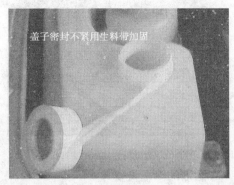

图5-30 观察汽车停放位置有无漏水、油　　　　图5-31 漏液的简单处理

1. 冷却液箱、冷却液泵水封漏液检查

冷却液箱漏液的部位通常有:冷却液箱皮管破裂、冷却液箱与连接皮管连接松动;上、下冷却液室有破洞;冷却液箱芯管破漏等(图5-32)。

汽车的冷却液泵液封漏液是常见故障之一,一般情况是冷却液泵水封密封不严、磨损或水封老化损坏。如果止推橡胶圈损坏、膨胀变形、弹簧弹力不足或折断等,必须更换新的零件。这些位置漏液常反映在发动机冷却液泵部位出现渗漏(图5-33)。

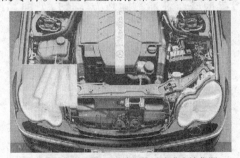

图5-32 冷却液箱渗漏可堵塞应急　　　　图5-33 汽车冷却液泵结构与密封

2. 发动机冷却系管路与水套等部位渗漏检查

这些渗漏主要出现在发动机与连接冷却液管之间,冷却液管机件连接部位(图5-34)。发动机自身漏液很少见,若发现汽车停放位置下方有漏液,应仔细检查发动机。

◇温馨提示:无论哪个部位出现漏液,都将造成发动机冷却液消耗过快、冷却液异常损失,严重的还会产生发动机冷却不足、过热,影响发动机正常运行,必须及时检查发现故障部位,立即维修。

二、漏油检查

通过查看汽车停放位置地面有无泄漏油迹,来判断是否出现漏油,有条件的可以通过地沟或举升机直接检查车辆各部位是否存在漏油现象(图5-35)。

图5-34　发动机连接冷却液管检查　　　　　图5-35　汽车漏油检查

1. 燃油的渗漏检查

汽车燃油供给系统泄漏将危及生命安全,在行驶过程中发现车内有燃油味时,即应停车检查。汽车燃油泄漏主要会发生在燃油箱、管路及喷油器等连接部位,小车加油口至油箱的管路常有一段弯曲,也容易损伤。此外,与活性炭罐相连管路破损会有油味散出。汽车燃供系统泄漏检查,重点检查供油管路及管子接头、紧固连接螺栓或更换破损老化的油管(图5-36)。

2. 机油管道漏油检查

汽车行驶途中,发动机机油一旦出现大量泄漏,造成机油压力突然降低,将会损伤发动机,应立即停车维修处理;如破裂不太严重,可以采取紧急补油等施救方法加以处理,但必须尽快维修(图5-37)。

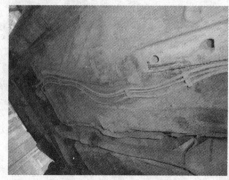 

图5-36　汽车底部供油管路　　　　　　　图5-37　机油泄漏

造成发动机机油出现泄漏的原因很多,轿车最常见的是通过不平整路面时,不经意造成油底壳剐碰,密封损坏产生漏油。此外,曲轴前、后油封不好造成的漏油也在国产车中比较常见(图5-38)。

3. 制动管路及车轮制动器漏油检查

制动管路及车轮制动器漏油,应紧急处理。要注意加满制动液,并注意排放净制动油液管路中的空气。此时,行驶车速要低,使用制动时,握好转向盘,尽量不要用紧急制动,必须立即驶入修理厂进行维修(图5-39)。

发动机油底壳放油螺栓漏油检查:油底壳放油螺塞应清洁无机油油迹,一旦出现有机油痕迹,应紧固放油螺塞或更换密封垫(图5-40)。

图5-38 曲轴前油封漏油

图5-39 车轮制动器轮缸漏油

三、漏气检查

汽车漏气情况很多，如轮胎漏气，发动机真空管路漏气，进、排气管路漏气等。

1. 轮胎破裂漏气

汽车轮胎漏气是常发生的故障，常见有轮胎破损漏气、气门芯漏气等情况（图5-41）。

图5-40 油底壳放油螺栓检查

图5-41 轮胎破裂

气门芯漏气：气门芯漏气通常用肥皂水进行检查，通过是否产生气泡检查气门芯是否存在漏气现象（图5-42）。

2. 发动机进、排气系统漏气

发动机进气系统漏气：发动机进气系统漏气将直接影响发动机的正常运转，造成发动机起动困难、怠速不稳、加速困难等故障（图5-43）。

发动机真空管路漏气：发动机真空管路漏气会影响发动机的运转，产生异响，影响相关部件的正常工作（图5-44）。

四、漏电检查

行车前检查前照灯、警报灯、转向信号灯及喇叭的工作状况是否良好；同时记得检查蓄电池的电解液高度及有无泄漏现象。检查发动机及其他电气部件是否正常工作，用电设备工作有无异常，放电指示灯是否点亮。一旦发现有漏电现象，必须立即排除故障，防止影响汽车正常工作，防止火灾发生。

1. 检查蓄电池

检查蓄电池表面、极桩是否清洁,导线紧固是否可靠(图5-45)。

图5-42 检查气门芯密封情况

图5-43 发动机进气管漏气

图5-44 发动机真空管脱落

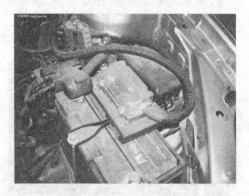

图5-45 检查蓄电池导线连接情况

2. 电气设备固定、导线连接检查

电气设备:电气设备应当固定牢固、无松动,导线连接无松动、脱落,无搭铁不良故障(图5-46)。

全车线路检查:全车线路固定牢固,固定位置符合汽车出厂要求,无破损、断裂、短路、断路等故障隐患(图5-47)。

图5-46 检查导线有无松脱

图5-47 全车线路检查

课题三　整车清洁维护

一、车身外部的清洗维护

汽车使用过程中,由于泥污、酸雨和污染的空气,使汽车的油漆表面变质而失去光泽,影响车辆整洁和车容车貌,必须根据具体情况对汽车车身进行清洁维护,特别是沿海地区或盐分含量较高的区域行驶的车辆,清洗频率应当更高一些(图5-48)。

1. 清除车身的污泥

先用高压水将车身各部分冲洗一遍,使污物湿润,然后等待4~5min后,再用高压水冲洗车身黏附的泥土。对于黏附坚固的泥块或盐碱物质,应用软毛刷刷洗掉并用清水冲洗干净(图5-49)。

图5-48　汽车清洗

图5-49　软毛刷刷洗车身

冲洗汽车时,应先从汽车的顶部开始,以彻底冲掉灰尘和脏污。冲洗底盘部位时,水压可以高一些,以洗净底盘的污泥和其他附着物;冲洗车身的水压要小一些,最好用雨雾状的水流冲洗。如果清洗车身的水压和水流过大,污物的硬粒会划伤漆层。清洗车身的水温不要过高,否则漆层会受到损伤。

2. 使用比较温和的清洗剂

由于汽车油漆耐酸、碱的承受能力一般为pH值8.0左右,而普通的洗衣粉和肥皂的pH值一般都在10.3~10.9之间,长时间使用洗衣粉或肥皂,虽然洗去了车身表面的灰尘、污物,却对漆面造成了损害,轻者失去光泽,重者严重腐蚀。所以,不要使用普通的洗衣粉或强碱性液体洗车,否则会损害汽车表面的漆膜。洗车时,应使用专用的汽车车身清洗剂,并按规定进行配制。使用时,用布或海绵浸沾上清洗剂后,轻轻在车体表面擦洗,不要用力过大,让灰尘和污物随同清洗用水一起流下(图5-50)。

车身表面上黏附的沥青斑点,可用干布沾松节油擦去;若黏附有昆虫或树脂,则可用温水和肥皂清洗。禁止使用汽油或强烈的溶剂洗车,因为这些溶剂会损坏车身的漆膜。

3. 用清水冲洗净车身上的清洗剂

用清洗剂清洗后,应用清水冲洗车身,不能在车身上留有清洗剂的痕迹,否则车身干燥后,这些痕迹会很明显。炎热天气洗车时,每清洗一部分,可以先用清水洗净后,再清洗其他部位部分。清洗时要注意水压适中,防止水压过高对车身造成危害(图5-51)。

图5-50 清洗剂

图5-51 高压水冲洗车身

4. 用吸水性强的毛巾擦净车身水分

汽车冲洗完后,应使用吸水性强、质地柔软的毛巾将车身上的水分擦干,使车身外表不留含有灰尘的水迹。擦拭时,不要用力过大,以防出现花纹(图5-52)。

5. 汽车车身的清洁注意事项

(1)车身清洗时水温不宜太高。

(2)洗车应在阴凉处或室内进行。在阳光下清洗,车身上的水滴晾干后会留下斑点。不要在寒冷的天气洗车,也不应当在寒冷天气把潮湿的或车身刚刚洗净的汽车开出去,水结冰时会损伤车身漆层(图5-53)。

图5-52 毛巾擦拭车身

图5-53 汽车清洗间

(3)到自动洗车站清洗汽车时应注意,洗车站的某些类型的刷子、清洗剂以及清洗程序,可能导致汽车表面油漆层的划伤,特别是对于深色的汽车,划痕更加明显。因此,在使用自动洗车站之前,应确认洗车站的设备和程序,以保证不划伤汽车的油漆层。

◇温馨提示:洗车后,应注意恢复制动系统的干燥状况,以保证制动有效。

二、汽车内部的清洁维护

汽车的车内维护是一项重要的工作,驾驶人应不断提高维护意识,养成保持车内清洁的好习惯,认真做好汽车内部的清洁维护,为自己和乘客创造一个清新、幽雅、舒适的环境。平时在车内吃东西时一定要特别注意,不要让食物残渣掉落在车内,这会引起细菌或其他微生物滋生。不要在车内堆放废弃物和垃圾,避免这些东西变质,导致车内环境恶化。尽量减少在车内吸烟的次数,加强车内通风干燥,保证空气流通、车内气味清新。

1. 车内化纤表面的清洁

用化纤制成的车座和车厢内表面,应使用专用的纺织品清洁剂。使用时,最好在隐蔽部位先试一下,确认它不会使纺织品变色和变质,如图5-54所示。

清洗前,先用吸尘器将灰尘吸掉,然后用海绵或毛巾沾上清洗剂溶液,擦洗化纤表面。将化纤表面润湿5min后,待灰尘溶解,再用毛巾或海绵擦洗,即可将灰尘清洗干净。如果没有彻底洗干净,可按前面介绍的方法,再重复一次。清洗车厢内部的化纤表面,最好使用专用的清洗剂为宜(图5-55)。

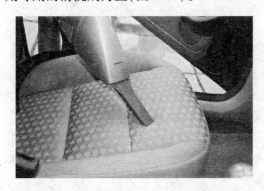
图5-54　清洁汽车座椅

图5-55　用专用清洗剂清洗化纤表面

顶棚的清洁:在汽车顶棚长期使用过程中受风吹影响,会积存很多肉眼难以识别的灰尘,顶棚看上去灰蒙蒙的给人感觉很不舒服。清洁的方法通常是使用吸尘器和刷子大面积清扫,然后再用专用清洁剂针对重点部位进行除垢处理。需要注意的是,汽车顶棚和内部填充物使用了大量隔音隔热材料,具有吸水能力强的特点,清洁时尽量少使用水或湿抹布擦拭,以免顶棚过湿很难干燥(图5-56)。

◇温馨提示:汽车内饰材料多以塑料、皮革材料为主,对使用的清洁剂成分有特殊要求。为了更好地保护汽车内饰并有效延长其使用寿命,清洁内饰时应选择中性清洁剂。清洁后,用干净的棉布擦拭干净,并打开车门一段时间,以便保持通风,这样做有利于加快车内干燥速度。汽车内饰表面严禁使用稀释剂、汽油或风窗玻璃清洗剂等有机溶剂进行清洗。

2. 地毯的清洁

汽车里面最容易脏的就是地毯,使用毛刷头的吸尘机进行吸尘处理,可以有效地清洁地毯。对于更加脏一些的地毯,就只能动用专用洗涤剂了。清洗地毯应使用泡沫型的清洗剂。一般在用洗涤剂前先进行除尘工作,然后喷洒适量的洗涤剂,用刷子刷洗干净,最后用干净的抹布将多余的洗涤剂吸掉,这样可以使洗后的地毯既干净又跟以前一样的柔软。不要用水清洗地毯,应尽可能保持地毯的干燥(图5-57)。

最需要注意的就是,地毯不要完全放入水中浸泡刷洗,一方面会破坏地毯内部几层不同材质的黏结,另一方面会使地毯在很长时间内不能干透而影响使用效果,引起车内潮湿。地毯清洁起来的确比较麻烦,所以最好坚持使用脚垫,如果脚垫不太脏,拿到车外拍打就可以了(图5-58)。

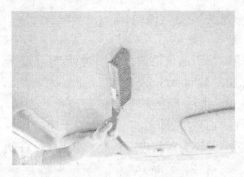
图 5-56 汽车顶棚的清洁

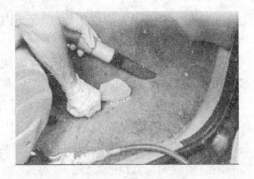
图 5-57 地毯的清洁

◇**温馨提示**：不同脏污清洁有讲究。

（1）血迹的清除。地毯上沾有血迹，千万不能用肥皂或热水去清除，可及时用温冷的抹布擦拭，并在血迹处滴几滴阿摩尼亚，等几分钟后，再用沾有冷水的抹布擦拭干净。

（2）染色剂的清除。在车内吃酱类食品等不慎污染了地毯，可用冷水浸湿的抹布擦拭，或用海绵轻轻擦除，再用泡沫清洁剂清洗。

（3）呕吐物的清除。首先用纸巾把呕吐物水分吸干，然后清除固态物质，再用温肥皂水浸抹布擦拭一遍，最后用苏打水溶液将抹布浸湿后擦拭干净即可。

3. 安全带的清洁

安全带可以用中性温水或弱碱性水清洗干净。清洗时，可用海绵或毛巾擦拭，在擦拭过程中，应检查安全带有无磨损和伤痕（图 5-59）。

图 5-58 汽车脚垫

图 5-59 清洁擦拭、检查安全带

◇**温馨提示**：不要使用染色剂或漂白剂清洗安全带，否则会使安全带的强度下降。

4. 皮革制品的清洁

对于真皮面料的座椅等汽车皮革制品，清洁维护较为复杂。简单地清理首先用棉布沾水擦拭座椅，为的是清除掉椅面表层污垢。遇到顽固污渍时，需要用真皮座椅专用清洁剂结合小刷子擦拭，最后再用干净的棉布整体上擦一遍座椅就完成了。不能采用家用的洗衣粉、洗洁精等非专用皮革清洁剂来清洁。因为一般非皮革专用的乳液及油脂因分子颗粒较大，无法渗入皮革组织形成保护，反而阻塞了皮革的毛孔，使皮革失去了透气性，从而加速皮革硬化及裂痕的形成。

较为专业地维护清理汽车皮革，应根据皮革质地、脏污程度进行清理。根据皮革不同的皮质和不同的脏污程度，有针对性地选择皮革专用清洁剂来清洁。如柔软型、强力型、快速强力型清洁剂等。选用的清洁产品要不含蜡性、挥发性、有机硅等成分。对于较小或轻的污点,可以直接用干净的抹布沾点清洁剂轻擦;对于较大较重的污垢,可用干净的抹布沾上强力型的清洗剂擦拭,必要时还可以借助刷子等清洁工具(图5-60)。不管是哪种方式,抹布都要保持干净,同时抹布要拧干,以防水分渗入座椅的海绵中,使座椅不容易干燥,湿润的皮革还容易重新吸附灰尘。最后,再用吸尘器对座椅进行清洁一下,以使其尽快干爽。值得注意的是,真皮座椅一旦沾上污垢,就要及时清洁,如果超过12h不做清理,这些污渍就难以去除。

5.正确使用空气清新剂

车内如果使用空气清新剂或除臭剂,建议选用固体型的。液体型的空气清新剂含有对织物有害的化学物质,散发后会使车厢的内饰等织物发脆或变色。值得注意的是,车内的空气清新剂要注意存放位置,因为空气清新剂或除臭剂等易燃易爆物品易受热膨胀,有可能爆炸或者爆燃,从而引发汽车自燃(图5-61)。

图5-60 皮革的清洁、护理

图5-61 车用固体空气清新剂

课题四　空气滤清器与蓄电池的清洁维护

一、空气滤清器的清洁维护

空气滤清器质量状况的好坏直接关系到发动机的使用寿命。空气中的尘土等杂质含量随着当地的土壤、气候和道路等情况的差异而有所不同。根据试验,当汽车在多尘的土路上行驶时,空气滤清器每吸进$1m^3$的空气约可滤出$0.4\sim1.8g$尘土。这些尘土如果进入摩擦表面,就会破坏润滑油膜,加剧发动机汽缸的磨损,缩短发动机的使用寿命。

空气滤清器过脏,将造成发动机进气量不足,发动机工作稳定性下降,动力不足、耗油增加,污染加重等不良现象。因此,必须保持汽车空气滤清器的清洁。现代汽车多采用干式空气滤清器,滤芯是由经过树脂处理的微孔滤纸制成的,表面经过处理,具有灰尘的透过率低、滤清效果好、维护方便等特点。汽车干式空气滤清器,如图5-62所示。

图5-62 汽车干式空气滤清器

1. 定期清洁和更换滤芯

(1)空气滤清器的维护方法。在使用中,应按汽车使用说明书规定,清洁空气滤清器滤芯,以免因滤芯上黏附过多灰尘而增大进气阻力,降低发动机功率,增加耗油量。在一般道路情况下,汽车行驶10000km必须对空气滤清器进行清洁维护。在沙尘程度较大的地区,维护的间隔应相应缩短或者参照车辆使用说明书规定的行驶里程,对空气滤清器进行清洁维护(表5-2)。

空气滤清器的维护周期　　　　　　　　　　　　　　　　表5-2

车　型	清扫间隔(km)	更换间隔(km)
桑塔纳	7500	15000
捷达	7500	30000
富康	7500	30000

滤芯的清洁方法有:轻拍法,即将滤芯从壳中取出,轻轻拍打纸质滤芯端面使灰尘脱落,不得敲打滤芯外表面,以免损坏滤芯;吹洗法,即用压缩空气从滤芯内部向外吹,将灰尘吹净。为防止损坏滤纸,压缩空气压力不能超过 $0.2 \sim 0.3 \text{MPa}$。

(2)滤芯的选用。应按汽车使用说明书规定更换空气滤清器滤芯。更换新滤芯时,应选用原厂供应的滤芯,不要使用劣质滤芯。购买滤芯时,要到正规的汽车配件商店购买。一般可以从包装和外观上识别优质与劣质滤芯,也可以安装后检验,如装上新滤芯后,汽车排放的CO超标,表示该滤芯透气性差,是不合格的滤芯。

2. 空气滤清器的更换方法

(1)取下空气滤清器附近的装饰板(图5-63)。

(2)拔下空气滤清器上的空气流量计传感器插头(图5-64)。

图5-63　拆取装饰板

图5-64　拔下空气流量计传感器插头

(3)松开滤清器锁扣(图5-65),卸下固定滤芯的螺母,取下护盖后拔出滤芯,取出滤芯。

(4)用抹布沾汽油擦拭空气滤清器壳内部(图5-66)。

(5)检查滤芯污染的程度并进行清洁,可重复使用的空气滤芯,当滤芯积存为干燥的灰尘时,可用压缩空气,从滤芯内侧开始,上下均匀地沿斜角方向吹净滤芯内外表面的灰尘(图5-67)。

如果没有压缩空气,可用起子柄轻轻敲打或者用手轻拍滤芯(图5-68),再用毛刷刷净外部污垢。达到规定行驶里程或无法清洁使用过的空气滤芯时,应进行更换。

图5-65 松开滤清器锁扣

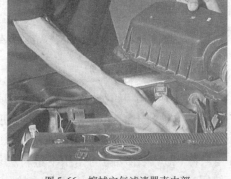

图5-66 擦拭空气滤清器壳内部

图5-67 吹净滤芯内外表面的灰尘

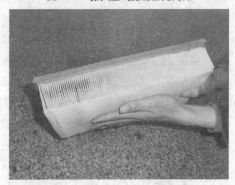

图5-68 拍打空气滤芯

(6)检查与装配滤芯。对于圆筒形空气滤芯,可将照明灯点亮并放入滤芯里面,从外部(长方体形空气滤芯可将照明灯从上部)放在空气滤清器下面,观察有无损伤、小孔或变薄的部分,检查垫圈有无损伤。正确安装空气滤清器可以防止空气不经过滤进入汽缸,安装空气滤清器时,滤芯上的密封垫必须确实安装好,如已老化变形或破裂,应及时更换新品(图5-69)。

(7)安装空气滤清器。按拆卸相反的顺序,安装好空气滤清器。进气管道在安装时,应保证其密封,特别要注意进气管接头护套处的密封(图5-70)。在维护空气滤清器的同时,还应仔细检查与空气滤清器所连接胶管的状况,如果发现胶管开裂、老化等现象,应更换这些胶管。

图5-69 检查滤芯有无损伤

图5-70 安装进气管

◇温馨提示：

（1）操作时，不得用大力敲打或碰撞滤芯。

（2）在清洁时，如果发现滤芯损坏，应更换滤芯。

（3）正常使用的纸质滤芯应按规定间隔更换。

二、蓄电池的清洁维护

蓄电池是汽车电气设备最基本的组成部分，目前蓄电池的种类大致可分为两种：传统的铅酸蓄电池（图5-71）和近年来普遍使用的免维护型蓄电池。铅酸蓄电池是由正负极板、隔板、壳体、电解液和接线桩头等组成，其放电依靠正极板活性物质和负极板活性物质在电解液（稀硫酸溶液）的作用下进行，其中极板的栅架是用铅锑合金制造。传统蓄电池在使用过程中发生化学反应，造成水的分解，生成的氧气和氢气，分别从正负极板上逸出，使电解液减少。

免维护蓄电池用铅钙合金制造，由于蓄电池采用了铅钙合金作为栅架，所以充电时产生的水分解量少，水分蒸发量也低，加上外壳采用密封结构，释放出来的化学反应产物很少。与传统蓄电池相比，免维护蓄电池具有不需添加任何液体，对接线桩头、电线和车身腐蚀少，抗过充电能力强，起动电流大，电量储存时间长等优点，近年在汽车上广泛使用（图5-72）。

图5-71 铅酸蓄电池

图5-72 免维护型蓄电池

1. 蓄电池的维护

（1）外部检查。

①用水冲洗蓄电池外壳，检查蓄电池顶部是否有电解液溢出，如果有，可用百分之五的苏打水冲洗，并擦拭干净（图5-73）。如蓄电池极桩周围存在白色氧化物，可用少许热水冲洗去除，然后用手巾擦干净，保持清洁干燥，防止自放电。

图5-73 擦拭干净蓄电池

②传统的铅酸蓄电池应检查加液孔通气塞是否畅通。若蓄电池盖小孔被堵，产生的氢气和氧气排不出去，电解液膨胀时，会把蓄电池外壳撑破，影响蓄电池寿命。检查导线接头与接线桩的连接情况是否松动、氧化。应加固连接，然后涂一层凡士林或者润滑脂防氧化（图5-74）。

③检查壳体是否有裂纹，存在裂纹必须立即维修或者更换。蓄电池封口胶开裂要及时修复（图5-75）。

图5-74 检查蓄电池极桩与导线　　　　　图5-75 检查壳体是否有裂纹

（2）检查电解液液面面高度和电解液密度。

用两头通孔、内径4～6mm、长度为150mm的玻璃管从加液孔插入蓄电池，抵住极板防护板后，用食指封住上口，提出玻璃管，管内高度就是电解液液面高度。蓄电池电解液液面应高出极板上沿10～15mm，液面过低时加注蒸馏水，过高时应用密度计吸出。电解液的密度应参照不同的地区、不同的季节按照标准进行相应的调整（图5-76）。

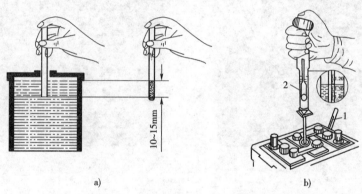

图5-76 检查蓄电池电解液液面高度和密度
a）检查电解液液面高度；b）检查电解液密度
1-温度计；2-密度计

◇**温馨提示**：切忌用饮用纯净水代替。因为纯净水中含有多种微量元素，对蓄电池会造成不良影响。

2．蓄电池的更换

（1）确定点火开关是否处于关闭状态并打开发动机舱盖（图5-77）。

（2）牢固支撑发动机舱盖（图5-78）。

（3）确认蓄电池的负极接线桩，先松开负极导线紧固螺母（图5-79），取下负极电缆。然后按相同办法取下正极电缆。

（4）拧松并取下蓄电池压板固定螺栓及压板，取下蓄电池（图5-80）。

（5）蓄电池的装配。按照蓄电池拆卸的相反顺

图5-77 打开发动机舱盖

序,换上新的蓄电池,并确定蓄电池装配有效、安全可靠。然后盖好发动机舱盖,锁紧锁扣(图5-81)。

◎温馨提示:装配蓄电池时,切记先装正极导线再装负极导线。

图5-78 牢固支撑发动机舱盖

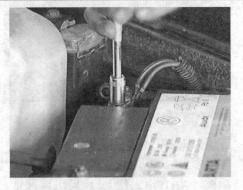

图5-79 拧松负极固定螺母

图5-80 取下蓄电池

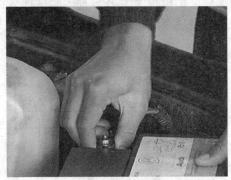

图5-81 换上新的蓄电池

课题五 刮水器与洗涤器的清洁维护

汽车的刮水器(图5-82),用来刮除黏附在风窗玻璃上的雨水、灰尘或积雪等,确保行车安全。一般汽车的前风窗玻璃上安装有两个刮水器片,部分汽车在后风窗玻璃上也安装有刮水器片;一些高档汽车还装有与刮水器一起开动的前照灯刮水器。有些中高级轿车上的刮水器还带有雨量传感器,可根据雨量传感信号自动调节刮水器的刮水速度。刮水器根据其动力源不同,可分为真空式、气动式和电动式三种。由于电动式刮水器具有动力强、工作可靠、容易控制而且不受发动机工况影响等优点,在汽车上得到广泛应用。

一、刮水器的清洁与维护

1. 刮水器的清洁与刮水器片的检查

(1)清洁刮水器:用手拉起刮水器摆臂,使刮水器摇臂在其弹簧力的作用下与其接头自动保持垂直,用湿润柔软的毛巾或棉布擦拭刮水器的刮水器片及摆臂(图5-83)。

(2)刮水片检查:检查刮水片桥骨是否扭曲变形或连接销松脱,刮水片是否有老化、硬化、龟裂、撕裂或折断现象(图5-84)。存在问题,应及时更换。

2. 更换刮水器片

（1）用手拉起刮水器摇臂，使刮水器摇臂在其弹簧力的作用下与其接头自动保持垂直。在雨刷臂上旋转刮水器片，在按压固定卡夹的同时，沿刮水器摇臂向下滑动，卸下旧刮水器片（图5-85）。

图5-82　汽车刮水器

图5-83　擦拭刮水器片

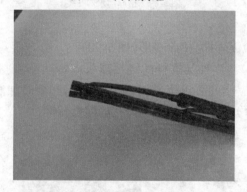
图5-84　刮水片老化、撕裂

图5-85　拆卸雨刮片

（2）将刮水器摇臂水平放置并在摇臂顶端勾头与风窗玻璃之间垫上布垫，防止不小心碰到刮水器摇臂，致使摇臂在其自身弹簧力的作用下，打击前风窗玻璃，造成损伤（图5-86）。

（3）将新刮水器片向上滑到支撑臂上（注意左右侧刮水器片不能搞混装错）直到固定卡夹接合入刮水器前端弯钩内，并听到有"咔嗒"声，表明卡夹卡到位（图5-87）。

图5-86　防止损伤风窗玻璃

图5-87　安装刮水器片

（4）将刮水器摆臂水平放直，使刮水器片贴合在前风窗玻璃上（图5-88）。

（5）刮水器安装后的刮拭检验。进入驾驶室将电源开关钥匙旋到 ON 挡,沿转向盘转轴轴线向上抬起刮水器开关,喷水、刮拭。刮水器片来回摆动刮水 2~3 次后,应停在风窗玻璃下沿处。观察风窗表面清洁情况,应洁净无水渍残留,表明刮水器片刮拭效果好(图 5-89)。

图 5-88　刮水器片停止位置

图 5-89　抬起刮水器开关

3. 检查刮水器电动机传动机构

（1）检查连杆、摆杆、底板及固定支架等,应无弯曲、扭曲变形(图 5-90)。

（2）检查连杆与摆杆的链接球头(图 5-91)。连杆与摆杆的链接球头应转动灵活、不卡滞、不松旷,摇动摆杆检查摆杆轴转动情况,应能灵活转动、不卡滞、不松旷,必要时加润滑油脂润滑;检查摆杆轴(连接安装刮水器摇臂)和刮水器摇臂座内孔的配合花键。

图 5-90　刮水器传动机构
1、3-摆杆;2-固定支架;4-底板;5-连杆

图 5-91　链接球头
1-链接球头

二、洗涤器的清洁与维护

1. 认识汽车洗涤系统

汽车风窗洗涤系统的功用是将清洁的水或洗涤液喷射到风窗玻璃上,在刮水器的作用下清除风窗玻璃上的尘土和污物,使驾驶人有良好的视野。它主要由控制组合开关、洗涤液泵、水管、洗涤液罐和喷嘴组成(图 5-92)。

2. 洗涤器的维护

（1）车辆停放在平坦路面上或维护工位,做好安全工作。打开发动机舱盖并支撑牢固,放置汽车防护磁性护裙(图 5-93)。

（2）检查洗涤器水箱中的水位是否在规定的范围,不足的,按照规定水位(max)刻线

项目五 汽车日常清洁维护

添加洗涤液。检查洗涤器水管布置位置是否符合规定要求及无破损、断裂、渗漏、变形等不良现象。否则,应当更换洗涤器水管(图5-94)。

(3)盖上发动机舱盖,将刮水器组合开关向上方提一次,检查洗涤器喷洒压力是否充足。如果喷洗器无喷洗液喷出,则应立即停止作业,防止电动机被损坏和划伤风窗玻璃(图5-95)。

(4)检查刮水器工作是否协调,刮水器停止时,刮水器片应当自动停止在最低处。检查洗涤液喷射位置,应集中于刮水器工作范围内(图5-96)。

(5)调整洗涤喷射方向、位置。如果喷射位置不正确,则必须调整,调整时在喷嘴内插入一根与喷嘴相匹配的钢丝,搬动钢丝,便可调整喷嘴的喷射方向和喷射位置(图5-97)。

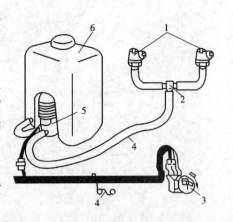

图5-92 洗涤器系统
1-喷头;2-三通管头;3-刮水开关;4-熔断丝;5-洗涤泵;6-储液罐

图5-93 放置汽车防护磁性护裙

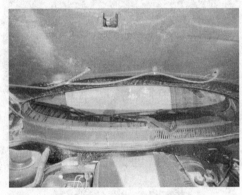

图5-94 检查洗涤器水管

图5-95 抬起刮水器开关

图5-96 检查洗涤器喷洒位置

(6)检查刮水器各挡位工作应当正常;关掉刮水器开关,检查刮水器自动停止位置;刮水器刮拭后,风窗玻璃上不能出现条纹状的刮水痕迹,风窗玻璃应清洁、明亮,检查完毕关闭刮水器开关(图5-98)。

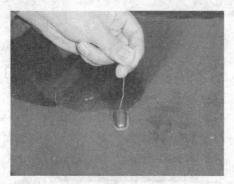

图 5-97 调整喷嘴方向

图 5-98 洗涤器开关

（7）检查补充玻璃清洗液。打开储水罐盖，玻璃清洗液不足应及时补充（图 5-99）。

a)

b)

图 5-99 检查、加注玻璃清洗液
a) 玻璃清洗液加注口；b) 加注专用清洗液

三、带有雨量传感器的刮水器

目前，刮水器主要有两种，一种是传统的间歇式刮水器，这也是现在使用最多的一种，刮水器速度可以根据雨量影响驾驶的视线分三至四级进行调整；另一种是近年用于中高级车型上的雨量感应式刮水器，刮水器可以根据雨量自动调整速度（图 5-100）。

图 5-100 驾驶室内雨量传感器控制

带有雨量传感器的刮水器，由刮水器传感器来感知是否下雨，当自动刮水器系统的刮水器开关旋转到"AUTO"位置，雨量传感器利用光电原理来感知雨量，通过刮水器控制单元控制刮水器电动机刮水动作。并且在刮水器开关上有一个调节刮水器传感器灵敏度的开关，它可以在合理的范围内，灵敏地感知雨量大小，并能够进行适时控制，实现自动刮去风窗玻璃上的雨滴的功能，保证行车的安全性，操控更加简洁。带有雨量传感器的风窗刮水器的维护，与普通刮水器没有本质的区别，维护过程中要检查各种刮水速度是否能够区别要求。

项目六　汽车日常补给维护

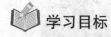学习目标

完成本项目学习后,你应能:

1. 知道汽车日常补给项目及内容;
2. 会分析各种运行材料是否需要补给和更换;规范完成日常补给维护工作任务。

建议课时:6课时。

课题一　汽车油、液的检视与补给

一、汽车燃料

1. 明确车辆所使用的燃料

目前,汽车的燃料主要还是汽油和柴油,小部分车辆使用的是压缩天然气和液化石油气,还有少部分新型燃料汽车。在给车辆加油时,一是要明确所用车辆是柴油车还是汽油车,二是加油时留意,防止加错。同时,应根据车辆使用说明书的要求选用规定牌号的汽油;柴油车则需考虑环境温度,一般应使最低环境温度等于或略高于轻柴油的凝点(图6-1)。

2. 汽车燃料的补给

(1)观察汽车仪表板燃油量表(图6-2),F表示满箱,E表示燃油耗尽。当燃油表指针指示位置达到E位时,就应当及时补充燃油;当油量警告指示灯点亮时,必须立即补充燃油。

图6-1　常用汽油和柴油牌号

图6-2　汽车仪表板油量表

(2)给车辆加注燃油前应关闭所有车门和车窗,将点火开关转至"LOCK"位置,发动机

熄火,打开燃油箱盖,加注燃油(图6-3)。

(3)燃油加注完毕,切记拧紧油箱盖,关闭加油口盖防止出现安全事故(图6-4)。

图6-3 加注燃油

图6-4 关闭加油口盖

3.燃油补给注意事项

(1)打开加油口盖前,触摸无漆金属表面以释放所带静电。加注燃油前,释放静电非常重要,因为加注燃油时静电放电火花可能点燃燃油蒸气。

(2)油箱盖松开时,可能会听到"嗖嗖"声,应等该声音完全消失后方可取下油箱盖。气温高时,因为燃油箱内部压力过大,燃油可能会从加油口喷出造成安全事故,需要做好预防(图6-5)。

(3)不要使用非指定燃油。加油时,要确认燃油种类、牌号,做到准确无误。

(4)给车辆加注燃油时,严禁吸烟和接打电话,不能有火花或明火(图6-6),否则可能引燃燃油而引起火灾。加注燃油时,勿使燃油溢出。否则,可能损坏车辆漆面,污染环境,造成其他危害。

◎温馨提示:请勿吸入燃油蒸气。因为燃油中含对身体有害的物质。

图6-5 打开油箱盖

图6-6 加油站限制标志

二、冷却液的检视、补给及补给注意事项

1.冷却液的检视与补给

(1)车辆停放在平坦地面或维护工位上,做好安全防护工作。打开并牢固支撑发动机舱盖,在汽车发动机舱周围放置磁性防护套(图6-7)。

(2)检查冷却液量。观察膨胀水箱中冷却液的液面应处于上(max)与下(min)两条刻线之间。如果液面接近或低于下(min)刻线,应及时补充同一牌号的冷却液,不可加注普通水(图6-8)。

(3)发现冷却液经常缺少时,应先检查冷却系统的密封性,查看是否存在渗漏现象。有条件的可以用冷却系检漏仪,检查冷却系统的密封性。如发现发动机冷却系统渗漏,应及时进行修理(图6-9)。

(4)若密封完好,打开发动机冷却系出气孔盖和膨胀水箱盖或散热器盖,将冷却液直接加注到冷却系统内,达到规定位置后盖好盖子。

(5)冷却液在使用一段时间(一般为2年)后应及时更换(图6-10)。加注新冷却液之前应对发动机冷却系统进行清洗。最简单的方法是打开散热器放水阀,用自来水从加水口冲洗。

图6-7　放置磁性防护套

图6-8　冷却液液位

图6-9　检漏仪检查冷却系统密封性

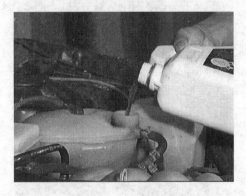

图6-10　更换冷却液

2. 冷却液补给的注意事项

(1)要注意冷却液使用的连续性,那种只想在冬季使用冷却液的观点是错误的,因为冷却液不仅有防冻功能,而且有防腐、防沸、防垢等作用。

(2)加注前要检查冷却系统的密封性。加注时,应防止进入空气,即排净发动机冷却系统的空气,否则会导致发动机过热。

(3)冷却液膨胀系数大,加注时不能超过max(最高)刻线。

(4)经常用冰点计测量冷却液的冰点(图6-11)。

(5)添加冷却液时,先熄火待发动机温度下降后再打开加注口检查或添加,以防止蒸汽烫伤。

◇温馨提示:冷却液有毒,使用中严禁用嘴吸和接触皮肤。冷却液正常情况下无需更换,一旦发现冷却液减少较快,要仔细检查,及时发现故障原因并予以排除。

三、制动液的检视、补给与更换

制动液是液压制动系统的传动介质,其性能好坏关系着行车安全,汽车日常维护中应注意检查车辆制动液,发现制动液不足或存在其他问题时,应及时补充和进行处理。

1. 制动液的检视与补给

(1)车辆停放在平坦地面或维护工位上,做好安全防护工作。打开并牢固支撑发动机舱盖,汽车发动机舱周围放置磁性防护套(图6-12)。

图6-11 测冷却液冰点

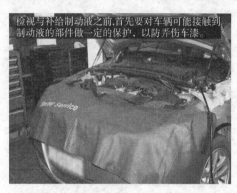

图6-12 放置磁性防护套

(2)依据车辆使用说明书,准备好与制动液罐中相同牌号、相同生产厂家的制动液。查看制动液储液罐内的液面高度,液面应处于上(max)与下(min)两条刻线之间,不足及时补充(图6-13)。

(3)检测制动液品质,不合格及时更换。如发现制动液经常缺失时,应检查液压制动系统是否泄漏现象,检查制动管路布置是否良好,有无变形、损伤;检查制动主缸、制动轮缸,如存在以上问题,必须立即排除故障(图6-14)。

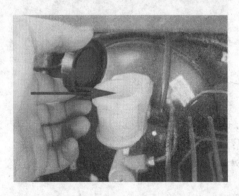

图6-13 补充制动液

图6-14 制动器轮缸漏油

2. 制动液的更换

(1)定期更换。一般情况下,制动液使用两年或者4万km时进行更换,以防制动液吸湿后影响制动性能。更换制动液应在每年雨季过后进行。车辆在正常行驶中,若出现制动忽轻忽重时,也应更换,并在更换之前应用酒精将制动系统清洗干净。

(2)制动轮缸放油顺序。每个车轮各有一个轮缸,都要释放里面的废制动液,释放时一一般按即先右后轮,再左后轮,再右前轮,最后左前轮,由远及近地进行有序放油(图6-15)。

(3)找到轮缸放油口,把预备好的40cm长的橡胶管口套住轮缸放油口,管口另一端放入广口瓶中,目的是为了废油流出时不污染地面或车体。用小开口扳手扳住轮缸放油口底部的螺栓,此时让另一人踩住制动踏板,逆时针扳动扳手(这是拧松轮缸放油口的动作),废油开始流入广口瓶中(图6-16)。

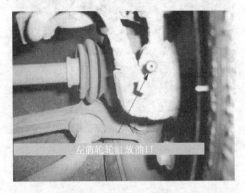

图6-15 制动轮缸放油处　　　　　　　　图6-16 用广口瓶接废油

(4)发现流速明显减弱时,顺时针扳回扳手(这是拧紧轮缸泵放油口的动作),然后喊"松",驾驶人松开制动踏板。另一人再次拧松轮缸放油口,然后喊"踩",驾驶人再次踩下制动踏板,这样反复多次后,驾驶人下车向制动油储液罐内加注新制动油,需加满。回到驾驶人位置,继续前面的操作,直到排出的废油变得清澈,没有气泡排出为止。最后顺时针扳回扳手后,然后喊"松",驾驶人把制动踏板放松。拔下橡胶管,用软布把轮缸放油口擦拭干净,再让驾驶人踩几次制动踏板,观察是否有油液渗出,以便确定轮缸放油口已经拧紧。安装回右后车轮,此时一个车轮轮缸的放油步骤完成(图6-17)。

(5)当排气作业结束后,将储液罐制动液补充到上限位置,装好储液罐盖并擦净油污。试车检验

图6-17 各轮缸的放油步骤相同

制动性能,同时检查各部位有无漏油现象。如在检查过程中制动踏板发软,则表明制动系统内的空气没有完全排净,因此需要重新进行排气作业。

3. 使用专用换油机更换制动液

制动液更换机是一个整体式的保修设备,用来清洗制动系统的液压装置和更换制动液。具有压力和真空两种方式的清洗功能,将该机连接到制动总缸的储液罐和四个车轮轮缸的放气阀上后,机器用新的制动液自动进行清洗和诊断(图6-18)。

使用专用换油机更换制动液做法:换油机连到制动液储液罐上,将踏板压具压在制动踏板和驾驶人座椅之间,使制动踏板被压紧。再按由远至近(即按制动主缸、右后轮、左后轮、右前轮、左前轮)的顺序打开放气螺塞,让制动液从每个轮缸中流出,总流出量为0.5L,然后拧紧各放气螺塞。制动液更换完毕后,将换油机从制动液储液罐上取下,拆下踏板压具,用力踩几次制动踏板,检查制动状况(图6-19)。

◆**温馨提示**:制动液对有毒,要放到儿童接触不到的位置;对车身油漆有腐蚀作用,加注时谨防洒到车身上。

图6-18 制动液更换机

由专业人员向制动液更换器内加注制动液,并检查整个管路,以确保没有漏油或漏气的情况。

图6-19 装接制动液更换机换油

将制动液更换器的接口与车辆上的制动液储液罐连接并拧紧,打开制动液更换器的电源,正式进入更换制动液的过程。

四、转向助力液的补给

1. 准备工作

(1)车辆停放在平坦地面上或维护工位,做好安全防护工作。打开并牢固支撑发动机舱盖,汽车发动机舱周围放置磁性防护套(图6-20)。

(2)观察汽车是否处于直线行驶状态(图6-21)。

图6-20 放置磁性防护套

图6-21 汽车处于直线行驶状态

2. 助力液的检查与补给

(1)检查助力液量。储油罐液面应处于上(max)与下(min)两条刻线之间(图6-22)。

有些车辆助力液罐中设有油尺,检查方法是:拧下储油罐盖,用棉纱擦拭标尺上的油迹,然后装回到位。再次拧出罐盖,观察油尺刻度线,正常情况下液位应处于上、下限刻度之间(图6-23)。

图6-22 检查助力液量

图6-23 擦拭转向油尺、检查油质和液位

（2）检查油液质量。观察助力液的油质，发现变质或受到污染时应及时更换。检查操作时，应特别要注意清洁，不允许污物或尘土进入储油罐。

（3）补充助力液。若助力液不足，需添加同一牌号的转向助力液。添加之前应在怠速状态下进行系统渗漏检查，着重检查油泵和管路是否有渗漏现象（图6-24）。

添加油液到一定量后，查看液面高度，反复操作直到处于规定范围为止（图6-25）。完成工作后，拧牢油罐盖，盖上发动机舱盖，清理好工作现场。

图6-24 检查助力油泵和管路

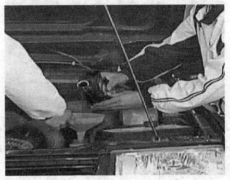

图6-25 加注转向助力液

五、发动机机油的检视、补给与更换注意事项

发动机消耗机油是正常的，机油消耗量大的可达到1.0L/1000km。因此，必须定期检查发动机机油量，最好在每次补给汽油或长途行车前进行检查，必要时予以补充。

1. 准备工作

将车辆平稳、安全停放在平坦地面或者汽车维护工位，熄火几分钟后开始检查。打开发动机舱盖并牢固支撑，安装汽车维修防护套（图6-26）。

2. 发动机润滑油的检视与补给

（1）拔出机油尺，用干净棉纱擦拭干净（图6-27）。

图6-26 打开发动机舱盖并安装维修防护套

图6-27 擦拭机油尺

（2）重新插入机油尺（图6-28），稍后再次拔出，检查机油油质并观察机油尺上液面高度。

①查看机油的油质。细心查看机油，机油稍发黑但是不太脏，应根据使用时间和行驶里程情况决定是否更换；若确实很脏、很黑或存在颗粒物，则应立即更换；若机油变成灰白

色,有泡沫或呈乳化状,说明发动机内有漏水现象。油质呈现稀薄且带有汽油味,说明有漏汽油现象,应及时进厂检修并更换润滑油(图6-29)。

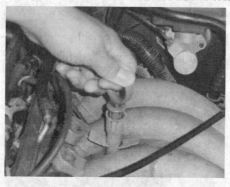

图6-28　插入机油尺

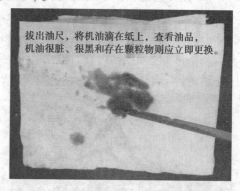

图6-29　检查润滑油品质

②机油量的检查。查看机油在油尺上的痕迹,油面应处于上(max)与下(min)两条刻线之间(图6-30)。为保证行车安全,油面位置接近或低于下刻线时,应适当补充加注原规格牌号的润滑油至刻线中部以上或接近上刻线位置为宜,但不能超越上限。

(3)起动发动机,运转几分钟后熄火,重查机油量。盖上发动机舱盖,清理好工作现场(图6-31)。

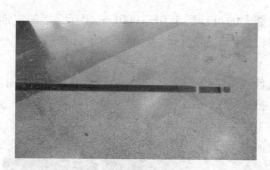

图6-30　机油尺油位刻度

图6-31　恢复整理

3. 更换机油的注意事项

(1)发动机机油加注到规定油位。不同牌号的润滑油不可混用,同一牌号不同生产厂家的润滑油也尽量不混用。发动机机油不得同任何润滑添加剂混合使用。

(2)更换润滑油时,一并更换滤清器(或滤芯)。换油要在热车时进行,加入新油后,应怠速运转数分钟,停机30min后,再检查油面直至达标准。

(3)尽可能防止机油接触人体。注意环保,废旧机油按规定的方法处理,不得随意倾倒。

课题二　轮胎气压检测与补给

轮胎是汽车重要的组成部件之一,在汽车各部件中占有十分重要的地位,对汽车行驶性能影响很大,轮胎的使用寿命直接关系汽车的使用和运输经济效益。而且还保证着汽车行驶的安全性、操纵稳定性、舒适性和经济性。因此,日常工作中应重视对汽车轮胎的养护。

1. 轮胎气压的检测

(1)轮胎气压使用气压表进行检测。目前,市场上有很多种类的气压表(图6-32),应选购专业气压表进行测量,以保证其准确性。气压表应定期进行校对,使用时要注意校表,减少测量误差值。

(2)将车辆需停放于平地,待冷车时测量轮胎压力;测量前,应清理轮辋及气门嘴上的污物(图6-33)。

图6-32 气压表

图6-33 清洁轮辋和气门嘴

(3)取下轮胎的气门嘴盖,将气压计的测压嘴对准轮胎上的气门嘴垂直用力压入。压入需要迅速,以免导致轮胎内的空气泄漏,影响测量数值的准确性。读出气压表指示值即为轮胎气压压力(图6-34)。

(4)将气门嘴帽盖回。在未熟练测胎压的操作前,可多测几次以确定读数正确。

◇温馨提示:1 巴(bar) = 100000 帕(Pa) = $10N/cm^2$ = 0.1MPa 1 千帕(kPa) = 1000 帕(Pa) = 0.001 兆帕(MPa)。

2. 轮胎气压补给

(1)不同车辆轮胎的气压值不同,轮胎充气应按照该型汽车使用说明书上规定的标准气压或者加油口盖内表面标注气压执行。例如:桑塔纳2000轿车前轮的胎压为0.18MPa,后轮的胎压为0.22MPa;捷达轿车满载前轮胎压2.1bar,后轮2.5bar(图6-35)。

图6-34 检测轮胎气压

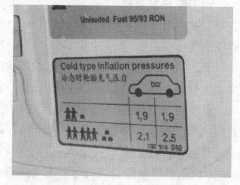

图6-35 加油口盖内表面

(2)汽车刚刚停驶时,须等轮胎温度降低后再充气,轮胎温度,对气压有一定的影响。

轮胎初装完成充气时,充气前应检查气门芯与气门嘴是否配合平整,并擦净灰尘,先充入少量空气,待内胎充气伸展后(或无内胎轮胎胎边与轮辋边缘贴合后)再继续充至规定气压(图6-36)。

(3)轮胎充气后,应检查气门嘴垫、气门芯、轮辋与轮胎接触部和O形圈等处是否漏气,如发现有漏气现象,应及时修理或更换。充气完成后将气门嘴帽装紧。防止泥沙进入气门嘴内部(图6-37)。

图6-36 清洁气门嘴

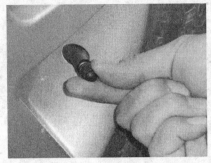

图6-37 安装气门嘴帽

◇温馨提示:充气时,应注意安全防护,特别是带有锁圈的车轮,充气开始时要用手锤轻击锁圈,使其平稳嵌入轮辋圈槽内,以防锁圈跳出伤人。轮胎应在常温时用气压表测量和充气。

3.轮胎充气注意事项

(1)充气时,随时用气压表测量轮胎气压,以免因充气过多,压力过高造成轮胎爆裂,产生危险。

(2)充气要注意清洁,充入的空气不能含有水分和油液,以防内胎橡胶变质损坏。

(3)充气前,应将气门嘴上的灰尘擦净,不要松动气门芯,充气完毕后应用肥皂泡水涂在气门嘴上,检查是否漏气。

(4)子午线胎充气时,由于子午线轮胎结构的原因,其接地面积大,往往误认为充气不足,而过多地充气;或反之,因其接地面积本来就较大,在气压不足时也误认为已充足,应以测定为准(图6-38)。

4.轮胎的日常维护

对轮胎的日常维护或称例行维护,应在每天的出车前、收车后及途中进行。主要要求做到以下几点。

(1)保持正常的轮胎气压。轮胎气压过高或不足都会大大降低轮胎的寿命,因此,一定要经常检查气压,并做到每次在长途行车前都要检查气压。

①至少每个月检查一次所有轮胎在冷却情况下的气压,包括备胎在内,该气压数值以车辆制造商所建议的参数为准(图6-39)。

②热胎不能马上充气或放气,轮胎气压过高造成的磨损,如图6-40所示。

(2)定期做轮胎换位。为了使每条轮胎都能均衡地磨损,延长轮胎的使用寿命,当汽车行驶5000~10000km时,要进行一次轮胎换位。如果发现胎面有高低不平的磨损,也需要尽早调换。对于规格相同,对称或不对称花纹的轮胎,应采用对角车轮更换的方式;而方向性花纹的轮胎采用的是同侧车轮前后对调的方式(图6-41)。

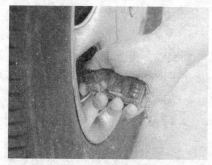

图6-38 子午线轮胎气压以检测为准

图6-39 保持正常的轮胎气压

6-40 轮胎气压过高造成的磨损

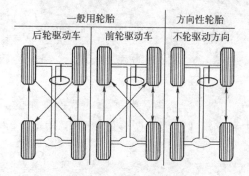

图6-41 轮胎轮胎换位方法

(3)经常检查胎面磨损程度。轮胎磨损标记多设在胎面花沟所剩深度1.6mm位置。若轮胎花纹深度接近规定的最低花纹深度时,则应更换轮胎。同时,还要检查胎侧是否出现划痕、单则磨损、孔洞、割裂和断裂现象,如果出现上述现象,应及时更换轮胎(图6-42)。

(4)清除轮胎花纹、双胎间及其他处石子和夹杂物(图4-43)。平时应注意清除夹杂在轮胎花纹里的异物,行驶过程应特别注意尖锐硬物伤害轮胎。一些意外的损伤会降低轮胎的性能。

图6-42 检查胎面磨损程度

图6-43 避免异物损伤轮胎

(5)防止轮胎老化损坏。由于轮胎是橡胶制品,所以在行驶、停车或存储轮胎时,必须注意不要和油、酸、碳氢化合物等化学物品接触,否则会造成腐蚀、变形、软化等。停车时,建议将车辆停于阴凉处,以免阳光直射造成轮胎过早老化、鼓包等损坏。日常维护可以选择轮胎蜡等进行养护(图4-44)。

(6)轮胎应定期做平衡检查(图6-45)。轮胎平衡分为动态平衡与静态平衡两种。动态不平衡会使车轮摇摆,使其产生波浪形磨损;静态不平衡会产生颠簸和跳动现象,往往使轮胎产生平斑现象。所以定期做动、静平衡检查并调整可延长轮胎寿命,还能提高汽车行驶稳定性,避免在高速行驶时因轮胎摆动、跳动失去控制而造成交通事故。此外,当发现轮胎出现偏磨时,应做车辆的四轮定位参数检查。

图6-44　轮胎老化损坏　　　　　　　图6-45　定期做轮胎平衡检查

(7)另外一个需要引起注意的就是狗尿的问题。研究发现经常被狗尿污染的轮胎承载能力和抗压性能都有明显的降低。对此,可以选用专业产品,像爱车乐驱狗喷等进行防护。

◇温馨提示:同一辆汽车上不能混用种类不同、型号不同、胎体结构不同的轮胎,同一轴上的轮胎更要防止混用,并应同时更换。装轮胎时,应注意有无正反面和滚动方向要求。

5. 胎压监测系统(TPMS)简介

胎压监测系统(TPMS)是对轮胎气压值的监测及警报装置。有数据表明,在众多的交通事故中,因轮胎爆胎引发的交通事故占20%。而高速公路46%的交通事故是由于轮胎发生故障引起的,其中爆胎一项就占轮胎故障事故总量的70%。因此,轮胎安全是必须被重视的。而造成爆胎的因素中,以胎压不足当为主要原因,胎压监测能够让驾驶人随时了解轮胎气压的情况,并且在轮胎压力处于不安全状态时报警(图6-46)。

图6-46　胎压监测作用

(1)轮胎内气压变化对行车安全的影响。由于轮胎压力而导致的爆胎主要分为两种。首先是胎压不足,在胎压不足的情况下,轮胎与地面接触的部分会由于车身自重而受到挤压,导致轮胎侧壁发生变形,而转到离开与地面接触的位置时,会因为胎内气压发生变化而重新被拉伸。轮胎转动的时候,整个轮胎侧壁都在随转动不停的重复挤压、拉伸的过程,很容易发生爆胎。胎压监测传感器,图6-47所示。

另外一种情况就是胎压过高,当胎压过高时,会减小轮胎与地面的接触面积,而此时轮胎所承受的压力相对提高,轮胎的抓地力会受到影响。另外,当车辆经过沟坎或颠簸路面时,轮胎内没有足够空间吸收振动,这除了影响行驶的稳定性和乘坐舒适性外,还会造成对悬架系的较大冲击,由此也会带来危害。同时,在高温时爆胎的隐患也会相应增加。

(2)胎压监测装置的工作方式。胎压监测系统主要通过两种形式来对轮胎气压进行检测,分别是直接式和间接式。直接式胎压监测装置是利用安装在每一个轮胎里的压力传感器来直接测量轮胎的气压,利用无线发射器将压力信息从轮胎内部发送到中央接收器模块的系统上,然后对各轮胎气压数据进行显示。当轮胎气压太低或漏气时,系统会自动报警。TPMS系统发射器,如图6-48所示。

图6-47 胎压监测传感器

间接式胎压监测的工作原理是当某轮胎的气压降低时,车辆的质量会使该轮的滚动半径将变小,导致其转速比其他车轮快。通过比较轮胎之间的转速差别,以达到监视胎压的目的。间接式轮胎报警系统实际上是依靠计算轮胎滚动半径来对气压进行监测。

欧盟委员会已从2012年开始,强制要求所有汽车安装胎压监测系统。而美国在2007年9月开始,要求所有新车安装TPMS。在国内,一些中档车已经将胎压检测系统作为标配安装在车辆上。现在市场中也有单独购买的胎压监测系统,这些零售的胎压监测系统基本都采用了直接式胎压监测。只需将轮胎拆下,将气门嘴更换成购买的带有胎压监测传感器的气门嘴,就可以通过车内的显示装置来检测轮胎的胎压(图6-49)。

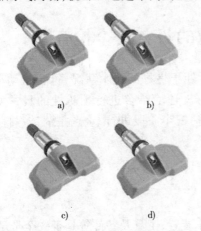

图6-48 TPMS系统发射器
a)右前轮;b)右后轮;c)左后轮;d)左前轮

图6-49 车内的胎压指示

项目七　汽车日常安全检查

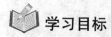

完成本项目学习后,你应能:
1. 知道汽车日常安全检查的重要意义、主要内容和方法;
2. 对汽车制动、转向、传动、悬架等安全部位和位置进行检查;
3. 对发动机运转状况进行日常安全检查。

 建议课时:6课时。

汽车行驶安全性是车辆使用过程中的重要评价因素,是汽车可靠行驶的主要指标。安全检查可以保障乘客、车辆、货物的安全,正确进行日常安全检查是确保汽车安全行驶的最基本的维护工作。汽车日常安全检查着重于对影响汽车使用安全的重要部位进行出车前的检查,主要包括检视汽车操纵、传动、悬架、灯光信号及发动机运转状况等方面。

课题一　汽车重要部位的日常安全检查

为保障车辆安全、可靠地运行,要使车辆经常处于良好的技术状况,符合机动车安全运行技术标准,除应对车辆进行定期的检修维护外,还应结合进行预防性的日常安全检查。该检查应由驾驶人在出车前、行驶途中、收车后三个阶段进行,重点是清洁、排除隐患和补给燃润料。

一、汽车日常安全检查内容

1. 出车前安全检查

(1) 检查行车证件、牌照是否齐全,并检查随车装置、工具及备件等是否齐全带足。
(2) 外观检查包括车身表面和其他能看见的全部部件。环绕车辆一周,检视车身外表情况和各部机件完好状况,是否有漏油、漏水、漏气、漏电现象。仔细观察漆面有无剐痕及其他部件有无损伤。擦拭门窗玻璃、清洁车身外表,保持灯光照明装置和车辆号牌清晰。检查车辆所有灯光工作情况,如制动灯、前照灯、雾灯等各灯光装置应完好(图7-1)。
(3) 检查燃油箱储油量、散热器的冷却液量、曲轴箱内机油量、制动液量(液压制动车)、蓄电池内

图7-1　检查车辆灯光装置

电解液量等是否合乎要求。

（4）检查发动机风扇、发电机、转向助力等传动带是否有老化、断裂、起毛线等现象，松紧度是否合适（图7-2）。

（5）检查轮胎外表和气压。剔除胎间及嵌入胎纹间杂物、小石子，轮胎气压应符合规定。还要注意带好备胎，放置要牢靠（图7-3）。

图7-2　检查传动带

图7-3　剔除胎纹间杂物

（6）检查转向机构是否灵活，横、直拉杆等各连接部位是否有松旷。检查轮毂轴承、转向节主销是否松动，轮胎、半轴、传动轴、钢板弹簧等处的螺母是否紧固（图7-4）。

（7）检视驾驶室内各个仪表和操纵装置的完好情况。检查刮水器、室内镜、后视镜、门锁与升降器手摇柄等是否齐全有效（图7-5）。

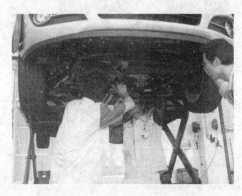

图7-4　检查转向节销是否松旷

图7-5　检视仪表和操纵装置

（8）检查转向盘、离合器、制动踏板自由行程和驻车制动器的情况是否正常，离合器踏板与制动踏板自由行程应符合正常规定值。注意转向盘自由转动量不得超过30°（图7-6）。

（9）起动发动机后，检查发动机有无异响和异常气味，查看仪表工作是否正常。

（10）检查车厢栏板及后门栏板是否牢固、可靠，货物的装载必须捆扎牢固、平稳安全。对拖带挂车的汽车，还应检查连接装置有无裂损、松旷、变形等现象，各种辅助设施是否符合规定，以保证牵引装置安全可靠（图7-7）。

2.行驶途中安全检查

（1）车辆起步后，应缓慢行驶一段距离，其间应检查离合器、转向、制动等各部分的工作情况。

（2）在行驶中，应经常察看车上各种仪表，擦拭各种驾驶机件，察听发动机及底盘声音；如发觉操纵困难、车身跳动或颤抖、机件有异响或焦臭味时，即应停车检查进行必要的调整和修理。

图7-6 检查转向盘

图7-7 检查车厢栏板

（3）车辆行驶涉水路段后，应注意检查行车制动器的效能（图7-8）。

（4）行驶中发动机动力突然下降，应检查是否冷却液或机油量不足引致发动机过热所致（注意冷却液温高时不准打开冷却液箱盖）。

（5）行驶中转向盘的操纵忽然变得沉重并偏向一侧，应检查是否因其中一边轮胎泄气所致（图7-9）。

图7-8 涉水后检查制动效能

图7-9 轮胎泄气方向忽然侧偏

（6）检查轮胎的外表、气压及温度，清除胎间和胎纹中的杂物。

（7）检查冷却液和机油量，有无漏水、漏油，气压制动有无漏气现象。

（8）检查车轮制动器有无拖滞、发咬或发热现象，驻车制动器作用是否可靠。

（9）检查轮毂、制动毂（盘）、变速器、分动器和驱动桥温度有无异常。

（10）检查转向、制动装置和传动轴、轮胎、钢板弹簧各连接部位是否牢固可靠。

（11）检查装载和拖挂装置是否安全可靠。

其中，上述（6）～（11）项可在途中停车或装卸货物期间进行检查。

3. 收车后安全检查

（1）停车后，应将驻车制动杆拉紧，并把变速杆换入1挡，自动变速器的汽车应换入停车挡，以防止汽车自动滑移，发生危险（图7-10）。

（2）熄火前，观察仪表工作是否正常；熄火后，观察电流表是否有反向漏电的指示（若电流表指针偏向"-"侧,则说明存在漏电现象)。

(3)检查有无漏油、漏水、漏气现象,视需要补充燃油、润滑油和冷却液。

(4)检查轮胎气压,清除胎间及表面的杂物。

(5)检查油水分离器中是否有积水和污物,注意清除干净。

(6)对于气压制动装置的车辆,应将储气筒内的空气放净并关好放气开关;对于液压制动的车辆,应检查制动主缸制动液和液面高度。

(7)检查风扇传动带和空压机传动带的松紧度以及完好情况,必要时应进行调整。

(8)检查轮胎螺母和半轴螺母是否松动,并检查钢板弹簧总成是否有折断及螺栓是否松动。

(9)检查、整理随车的工具、附件,并切断电源。

(10)打扫车厢和驾驶室,清洗底盘,擦拭发动机、各部附件和清洁整车外表。同时察看各部有无破损(图7-11)。

图7-10　停车换入P挡

图7-11　清洁驾驶室

二、汽车日常安全检查重点与方法

1. 汽车制动系统的日常安全检查

(1)对于液压制动的车辆,注意检查制动液量和质量,检查制动管路和各制动轮缸有无渗漏等现象(图7-12)。

◇温馨提示:许多车辆设有制动液液面过低警示灯,当制动液罐内的液面过低时,仪表板制动警告灯点亮,以示警告。制动警告灯点亮时,应及时补充至制动液规定量。

(2)对于气压制动的车辆(图7-13),在起动发动机时,观察气压表读数的变化。正常情况下,气压表的读数应随发动机的起动而迅速达到规定的气压值。在踏下制动踏板后,气压表指示值应有小幅度下降,且放松制动踏板时有排气声。

(3)制动真空助力器的检查。发动机不起动时踩踏制动踏板,此时制动踏板非常沉重且运动距离短。踏下制动踏板后,起动发动机,制动踏板应能够迅速继续下降,反复踩踏制动踏板,感觉轻便、灵活,制动有效(图7-14)。

(4)驻车制动装置的检查。驻车制动手柄拉、放应灵活、顺利。通常拉起手柄棘爪棘轮发出3~5响,手柄移动总行程约4/5时驻车制动力达到最大(图7-15)。

图 7-12　检查制动液

图 7-13　使用气压制动的车辆

图 7-14　反复踩踏制动踏板

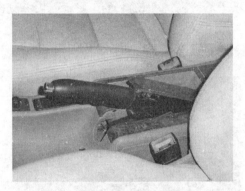
图 7-15　驻车制动手柄

◎温馨提示：驻车制动装置制动效能评定，将汽车停在 20% 的坡道上，使用驻车制动不出现溜滑或者在平坦的道路上汽车不能以 2 挡起步为宜。

(5) ABS 系统检查。ABS 系统也可以通过仪表板上的 ABS 指示灯，判断系统是否有故障。起动发动机，系统自检结束后，ABS 指示灯应熄灭（图 7-16）。

2. 转向系统的日常安全检查

(1) 转向盘松动和摆动检查（图 7-17）。用两手握住转向盘，轴向、垂直或者向两侧移动转向盘，此时转向盘不应有松动或者摆动。机械转向系转向盘的自由行程必须符合使用手册规定。配备动力转向的车辆，转动转向盘车轮就应当有所反应。

图 7-16　ABS 指示灯

(2) 检视传动转动杆件及球头销连接情况。球形节连接应可靠、无松动，杆件外表无明显变形和损伤（图 7-18）。

3. 汽车灯光、信号的日常安全检查

(1) 组合仪表警告灯检查。将点火开关转到 ON 位置时，检查仪表板上所有的警告灯，如故障警告灯、ABS 警告灯、SRS 警告灯等应正常点亮，发动机起动后系统自检结束才熄灭（图 7-19）。

(2) 牌照灯、示宽灯、尾灯和仪表板灯检查。将转向信号及变光灯拨杆开关旋转至 1 挡，检查汽车示宽灯、牌照灯、尾灯、仪表灯应全部点亮（图 7-20）。

图7-17 检查转向盘松动和摆动

图7-18 转向拉杆

图7-19 汽车的组合仪表

图7-20 转向信号及变光灯拨杆开关

(3)前照灯远、近光的检查。将转向信号及变光灯拨杆开关旋转两挡后检查前照灯近光灯,将转向信号及变光灯拨杆开关按下后远光灯应点亮(图7-21)。

前照灯闪光器检查:将转向信号及变光灯拨杆开关提起、放松并重复数次,检查前照灯是否能够实现远、近光正常变换,仪表板远光指示灯也正常变换指示(图7-22)。

图7-21 远、近光灯的检查

图7-22 检查转向信号及变光灯拨杆开关

(4)转向信号灯检查。技术要求:将转向信号及变光灯拨杆开关开关上、下移动,左、右转向信号灯应正常闪亮,仪表板转向指示灯应正常闪烁指示(图7-23)。

(5)危险警告灯和指示灯检查。按下危险警告灯开关,此时全部转向灯闪亮,仪表转向指示灯正常点亮指示(图7-24)。

图 7-23 检查转向灯开关　　　　　　　图 7-24 危险警告灯开关

(6) 制动灯检查。踩住制动踏板,汽车尾部制动灯应正常点亮(图 7-25)。

(7) 倒车灯检查。按照正确的操作方法,换入倒挡(R 挡),倒车灯应正常点亮(图 7-26)。在检查自动变速器汽车倒挡指示灯时,一定要踩住制动踏板,将变速器操纵杆换到 P 挡位置,后松开制动踏板。

图 7-25 检查制动灯　　　　　　　图 7-26 检查倒车灯

(8) 喇叭的检查。按压喇叭开关,喇叭正常发响,左右转动转向盘一周并在转动过程中按喇叭开关,喇叭应当正常发响(图 7-27)。

4. 轮胎的日常安全检查

(1) 轮胎状况与气压检查。出车前,应检视轮胎气压;长距离驾驶归来后,需检查车辆轮胎胎面,确认车辆没有扎钉漏气(图 7-28)。

图 7-27 检查喇叭　　　　　　　图 7-28 检查轮胎漏气

(2)检查轮胎螺栓拧紧力矩。轮胎螺栓拧紧力矩每隔一段时间检查一次是非常有必要的,特别是长途行驶后的车辆安全检查。一般车辆的轮胎螺栓标准拧紧力矩为120~140Nm,具体可参看车主手册(图7-29)。

5. 传动轴与万向节、悬架的日常安全检查

每隔一段时间应对传动轴与方向节、悬挂进行安全检查一次,主要是察看:

(1)传动轴万向节防尘罩无异常皱褶、无裂纹、损伤;防尘罩卡箍紧固可靠。内外万向节无松旷、运动自如,转动无异响、无卡滞(图7-30)。

图7-29 紧固轮胎螺栓

(2)减振器无渗漏,上、下连接支撑牢固、连接可靠,橡胶套完好无损;悬架弹簧无损伤,定位可靠(图7-31)。

图7-30 检视万向节防尘罩

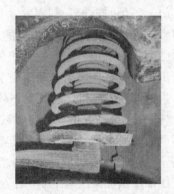

图7-31 检查减振器、悬架弹簧

课题二 发动机运转状况的检查

发动机正常的运转状况是汽车可靠运行的基本保证,发动机运转状况的日常安全检查能够有效地避免在行驶途中可能出现的种种麻烦。对发动机来说,机油和冷却液温是至关重要的。

一、发动机运转状况的日常检查方法

1. 查看发动机舱下方

检查发动机舱及下方有无油污及漏油痕迹。有油污则说明可能是发动机中央部分如气门室盖垫处或油底壳处漏油(图7-32)。

2. 检查发动机舱

打开发动机舱盖,仔细查看发动机各油、液管路,制动、离合器连接管处有无渗漏现象(图7-33)。

图7-32 检查发动机漏油痕迹　　　　　图7-33 检查各油、液管路

3．检查冷却液箱

打开冷却液箱盖，看看冷却液面上是否有粉屑、油污等杂物飘浮（图7-34）。如果有油污漂浮，则可能是机油渗入了冷却液内；有锈蚀的粉屑说明冷却液箱内的锈蚀情况很严重，这表示该车的发动机状况不好。

4．查看发动机性能

（1）发动机起动后，观察发动机排出气体的颜色。如果排出气体是半透明的淡灰色，说明发动机状况良好，如果排出的气体呈黑色，则说明发动机没有调校好。

（2）细辨发动机声音，发动机的声音不能杂乱。特别注意是否有细微而短促的碰击声或低沉的轰鸣声。如果发动机有异响，如有低沉的"隆隆"杂音，可能是发动机有轴承坏了。这些都属发动机运转状况不佳。

（3）在车头前照灯亮着的时候，起动发动机检查。如果多次仍不能起动发动机，可能是蓄电池电力不足或是发动机起动系统问题；起动后再踩下加速踏板，让发动机转速提高，若有"咯咯"声，可能是发动机活塞有问题；踩下加速踏板时感觉发动机反应很慢，有可能是燃油或供油系统有毛病（图7-35）。

图7-34 检查冷却液　　　　　图7-35 查看发动机性能

5．发动机运转状况良好的表现

良好的发动机运转状况应该是：第一次冷车起动，待点火开关接通5s左右后起动发动机，此时因冷车，发动机怠速转数较高。发动机应无异响、运转平稳、无明显抖动，传动带及盘无摆动、跳动现象。温度正常后，关闭发动机，再次起动发动机，正常起动时间应不超过2s；发动机怠速运行应平稳，仪表板各警示灯应熄灭，各表指针应工作正常；踩加速踏板、发动机转速应提升迅速，无明显迟滞现象；抬加速踏板，转速应平稳较快地回至怠速；打开空调开关，压缩机起动时发动机应无明显的抖动，转速平稳提升100～200r/min，运行

平稳;关闭空调,发动机转速回落。

踩下离合器踏板,分别换1挡、倒挡,不踩加速踏板,平稳松开离合器踏板至发动机与传动部分半联动位置,发动机应不熄火、无明显抖动、无异响。如果是自动变速器,踩制动踏板,分别换倒挡、前进挡,松开制动踏板,不踩加速踏板,车辆平稳起步,发动机应运行平稳,转速无明显降低(图7-36)。

二、影响发动机运转状况的日常安全检查重点

1. 发动机的油、液、电日常安全检查

(1)将点火开关转到ON,检查仪表板上所有的警告灯,主要包括发动机机油报警标志(灯)、冷却液温报警标志、防冻液灯、制动油灯、ABS报警灯的检查。当车起动后某个灯不停闪动,就说明其相应的位置出现问题,需要进一步进行相关检查或维修(图7-37)。

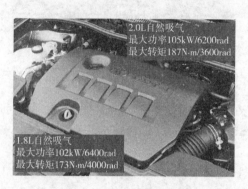

图7-36 发动机运转情况检查

图7-37 发动机各类报警标志

(2)发动机油、液、电符合规定要求是保证发动机正常工作重要条件,是汽车日常安全检查必不可少的内容。将车辆平稳、安全停放在平坦地面,热车后稍待片刻开始检查。打开发动机舱盖,从观察蓄电池状况,蓄电池电解液应呈现深绿色;检视机油、冷却液和制动液等,油、液量应正常(图7-38)。

2. 发动机传动带的检查

在汽车上有各种不同功用的传动带,发动机传动带出现断裂或者打滑,都将使相关的设备部分或全部功能丧失,甚至导致严重后果,从而影响到汽车的正常使用。其中,最重要的正时齿带(有护罩保护),日常检视应该按汽车制造商的规定进行常规检查或更换(图7-39)。

图7-38 发动机油、液、电检查

图7-39 正时传动带所在位置

汽车发动机传动带主要有发电机、水泵传动带,动力转向油泵传动带,空调压缩机传动带等。传动带的日常检查主要是检查传动带的张力,可以用拇指用力地按压两个传动带轮中间的传动带(图7-40),能压下10mm左右为适。

除此之外,还必须注意检视传动带是否有损伤,传动带橡胶是否老化、产生裂纹等现象(图7-41)。

图7-40 检查传动带张紧力

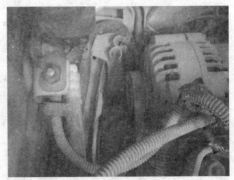
图7-41 检查传动带损坏情况

3. 汽车燃油检查

出车前,应检查燃油量。打开点火开关,查看仪表板上的燃油量指示仪表,确定油箱中燃油量是否满足使用要求,不足时应到正规的加油站加注符合牌号要求和质量要求的燃油(图7-42)。

绝大多数电喷发动机汽车除设有燃油表外,还设有燃油剩余量警示灯(燃油警示灯)。通常,燃油警示灯闪亮时,必须及时补充加注燃油。否则,可能会造成电动油泵冷却不良、发热,甚至烧坏等故障(图7-43)。

图7-42 燃油表

图7-43 燃油灯亮表示燃油耗尽

◇温馨提示:不同车辆燃油警示灯闪亮时,油箱中所剩燃油量不等,但通常能够确保汽车正常行驶50km。例如,大众宝来轿车燃油警示灯闪亮时,油箱中大约剩余9L燃油;大众POLO轿车燃油警示灯闪亮时,油箱中大约剩余7L燃油。

项目八　汽车日常检查调整

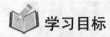学习目标

完成本学习任务后,你应能:
1. 知道汽车转向、离合器等的检查和调整方法;
2. 检查并调整发动机传动带的松紧度。

建议课时:10课时。

课题一　离合器与制动器踏板的检查调整

汽车离合器的作用:离合器是汽车传动系中直接与发动机相联系的部件,它可以使发动机的动力与传动装置平稳地接合或暂时分离,可靠传递发动机转矩,以便于驾驶人进行汽车的起步、停车、换挡等操作。离合器不像其他汽车部件那样经常需要维护,但是在使用中有些检查调整工作还是必须要做好的。因为在车辆日常使用过程中,如果离合器踏板位置不正常,即离合器踏板高度、自由行程不符合规定要求,会导致离合器分离不彻底、换挡困难、离合器打滑、加速不良、分离轴承及压盘总成过早损坏等故障发生。因此,正确地检查调整离合器,对提高车辆使用性能和减轻驾驶人劳动强度具有十分重要的意义。

一、离合器的检查与调整

离合器的检查与调整主要包括检查离合器踏板自由行程、检查离合器的工作情况、检查离合器储液罐液面高度(液压传动)等。

1. 离合器储液罐液面高度检查

检查主缸储液罐(有些车辆与制动液罐共用)内离合器液面的高度,不足应补充。检查离合器液压操纵机构的主缸与油管、工作缸与油管及油封等部位是否有渗漏的痕迹(图8-1)。

2. 离合器踏板的外观及运动状况检查

检视离合器踏板有无弯曲、扭曲变形;检查踏板垫有无磨损或损坏。起动发动机,连续踩下离合器踏板,检查离合器踏板工作情况。离合器踏板应回弹有力,踩踏时无异常噪声、无过度松动感觉;踩踏踏板时,踏板应轻便灵活(图8-2)。

3. 离合器踏板高度检查

离合器踏板过高,操作时会费劲;过低会导致分离不彻底,换挡时会出现齿轮撞击(俗称打齿),对变速器等造成伤害。检查离合器踏板高度时,应以换倒挡不打齿为准。

使用直尺测量离合器踏板高度是否处于标准值范围内,如果不符合规定数值,应调整离合器踏板高度至规定高度要求(图8-3)。

◇温馨提示:
(1)如不符合规定要求,应到正规维修厂维护调整。
(2)测量从驾驶室地板面到离合器踏板上表面的距离(如果必须要从地毯表面开始测量,应从标准值中扣除地毯的厚度)。

图8-1 检查接口密封情况

图8-2 踩踏离合器踏板

4.离合器踏板自由行程的检查

离合器踏板自由行程是分离轴承与分离杠杆之间(或离合器主缸活塞与推杆之间)间隙的体现,此间隙随着从动盘摩擦片的磨损而逐渐变小,若间隙太小或没有间隙,分离轴承因与分离杠杆长时间接触会迅速磨损、导致损坏,出现离合器打滑故障;离合器间隙太大,离合器将出现分离不开的故障。

离合器踏板自由行程的检查方法是:用手指轻轻按压离合器踏板,使用直尺测量从自由状态至踏板运动阻力明显增大的瞬间,踏板所移动的行程,这一行程即为离合器踏板的自由行程量。检查踏板自由行程是否处于标准范围内,如果超出标准范围,应予以调整(图8-4)。

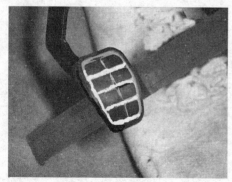
图8-3 离合器踏板高度测量

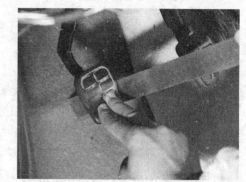
图8-4 按压离合器踏板

5.离合器踏板高度及自由行程的调整
(1)离合器踏板高度调整。
①松开限位螺栓锁止螺母。转动限位螺栓,直到踏板高度符合车辆规定数值(图8-5)。
②拧紧限位螺栓锁止螺母(图8-6)。

项目八 汽车日常检查调整

图 8-5 调整限位螺栓

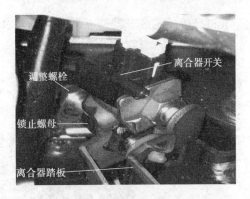

图 8-6 紧固限位螺栓锁止螺母

(2)离合器踏板自由行程调整。
①松开主缸推杆(液压传动)锁止螺母(图 8-7)。
②调整离合器主缸推杆长度,直到踏板自由行程符合规定(图 8-8)。

图 8-7 松开主缸推杆锁止螺母

图 8-8 调整主缸推杆长度

③拧紧主缸推杆锁止螺母(图 8-9)。
④调整好踏板自由行程之后,复查踏板行程。车辆可靠驻停,拉起驻车制动器手柄。起动发动机,发动机怠速运转,踩下离合器踏板,换到 1 挡或倒挡,检查是否有噪声、换挡是否平稳。如果有,说明离合器分离不彻底,需要复调(图 8-10)。

图 8-9 拧紧主缸推杆锁止螺母

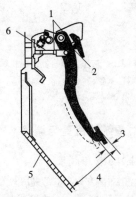

图 8-10 复查离合器踏板自由行程
1-锁紧螺母;2-限位螺栓;3-踏板自由行程;4-踏板高度;5-地板;6-离合器主缸推杆

⑤机械传动式离合器踏板自由行程可以通过调整传动拉杆或拉索的工作长度及离合器间隙实现,检查调整与上述相似(图8-11)。

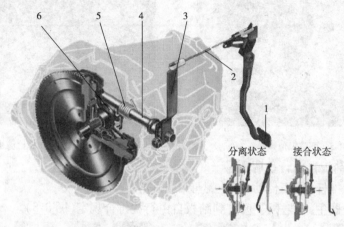

桑塔纳轿车离合器操纵机构

图8-11　机械传动式离合器示意图
1-踏板;2-拉索;3-传动臂;4-分离轴;5-复位弹簧;6-分离轴承

6.液压式离合器操纵机构的排空气法

每次拆卸离合器油管、离合器软管、离合器主缸,或者踩下离合器踏板感觉绵软无力时应对离合器液压系统放气,并加注离合器油SAE J1703(或DOT3、DOT4与制动液相同),切勿使用质量差的离合器油(图8-12)。

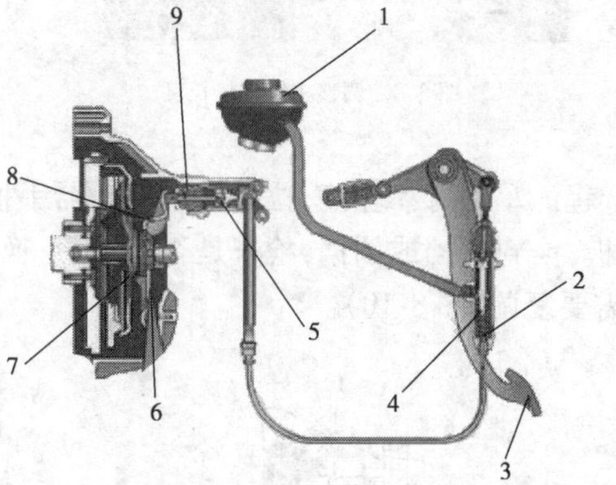

（1）将主缸储液罐中的离合器油加至规定高度并在排气过程不断补充;使用一根塑料软管套在放气螺栓上,将排出的离合器油导入一个容器内,打开离合器分缸放气螺栓。

（2）慢慢地、往复地踩下离合器踏板,如果往复踩下离合器踏板的速度过快,油缸里的空气将不能放尽,每次放松离合器踏板时都要回到最高位置。

（3）踩住离合器踏板,拧紧放气螺栓。

（4）向储油罐内加注离合器油到规定位置。

图8-12　液压式离合器操纵机构
1-储液室;2-推杆;3-踏板;4-主缸;5-工作缸;6-分离杠杆;
7-分离轴承;8-分离叉;9-推杆

二、制动系统的检查与调整

1.检查制动液面高度

检查储油罐内的制动液面是否正常。若液量经常不足,应检查液压制动系统密封情况,然后再补充(图8-13)。

2.行车制动踏板的检查

（1）打开车门,安装好转向盘套、换挡手柄套、座套、铺设地板垫(图8-14)。

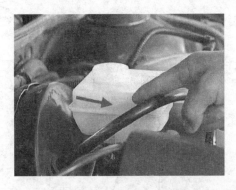
图8-13 制动液储液罐液面刻度

图8-14 安装维护套

(2)进入驾驶室,关闭发动机踩几次制动踏板,检查制动踏板和踏板臂是否出现变形等损伤。踩下制动踏板数次,释放真空助力器中残余的真空度。通过踩踏制动踏板,确保踏板反应灵敏、无异常噪声及过度松动等。

(3)取出制动踏板下方的地板垫(图8-15)。

(4)使用直尺测量制动踏板高度。测量时,将直尺垂直于地板面,观察踏板上平面在直尺上显示的数值,该数值即为踏板高度(图8-16)。

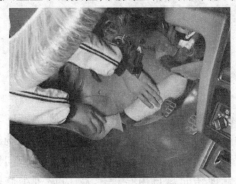
图8-15 取出地板垫

图8-16 测量制动踏板高度

(5)使用直尺测量制动踏板自由行程。测量时,使直尺保持与地板垂直,踏板处于自由状态,确定此时的踏板高度值后,用手稍用力下压踏板,当感觉阻力增大时,停止下压,观察踏板上平面在直尺上显示的数值,计算出两个数据的差值,即为制动踏板自由行程(图8-17)。

◇温馨提示:制动踏板自由行程的测量方法与离合器踏板自由行程相似,可以参照离合器踏板自由行程的检查方法进行。

(6)使用直尺测量制动踏板行程。起动发动机并怠速运转,将直尺垂直于地板,确认制动踏板自由状态下的高度值,用力踩下制动踏板至最低位置,观察此时直尺所显示的踏板高度,两高度之差,即为制动踏板行程(图8-17)。

3.制动踏板高度调整

测量制动踏板高度,在自由状态下,踏板上表面至前围板的距离,各车型技术参数不同,应依据使用说明书规定。不符合规定者,应进行调整(图8-18)。

(1)拆卸制动灯开关导线,拧松制动开关固定螺母。

（2）旋转制动灯开关，同时检调制动踏板高度，直至符合规定时，将制动灯开关锁紧螺母拧紧。

（3）装复制动灯开关导线，检查调整制动踏板自由行程使之符合规定。

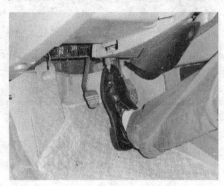

图8-17 踩踏制动踏板到最低位置

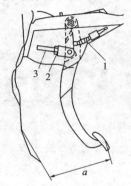

图8-18 制动踏板自由行程与踏板高度调整
1-制动灯开关固定螺母；2-真空助力器推杆固定螺母；3-助力器推杆；a-制动踏板高度

课题二 转向系的检查调整

一、转向盘的检查

1. 检查转向盘的转动自由行程量

使车辆处于直线行驶状态。转向盘自由行程检查由两人配合进行，一人观察转向轮摆动，一人转动转向盘，在转向轮不动状态下，检查转向盘可以转动（配备动力转向系统的车辆，应起动发动机）的角度，一般轿车自由行程不大于5°～10°，带有液压助力的转向助力的轿车自由行程为零（没有自由行程）。如果发现转向盘自由行程过大，应该进维修站检修（图8-19）。

2. 检查转向盘的松动和摆动情况

用两手握住转向盘。轴向和垂直地移动转向盘，确保其没有松动；同时，两手握住转向盘向两侧移动转向盘，确保其没有摆动（图8-20）。

图8-19 汽车直线行驶状态

图8-20 检查转向盘

3.检查当点火开关处于ON位置时的状态

将点火开关转动到ON位置,转向盘可以自由转动。如果存在转向盘自由行程过大或转向系松动现象等问题时,应及时对转向盘进行调整或者进行维修,确保车辆行驶安全。

二、液压助力转向系统泄漏检查

对液压助力转向系统泄漏检查前,应先检查助力液量是否充足。然后起动发动机,保持发动机怠速运转,转动方向盘至极限位置并保持,此时液压助力转向系统中油压最高,便于发现泄漏部位。

1.检查转向油泵

检查动力转向油泵处是否存在渗漏现象(图8-21)。

2.液压管路及连接点检查

检视液体管路及连接点处是否有渗漏,仔细查看动力转向泵及各管接头、储液罐及各管路连接部位等(图8-22)。检查助力油管是否有裂纹、老化、变形或其他损坏。

图8-21 检查动力转向泵

图8-22 检查转向泵管接头

3.检查转向器(图8-23)

举升车辆至适当位置,检查转向器固定牢固与否,转向器处的波纹管是否有裂纹或者破损,是否存在润滑脂或者机油渗漏。

上述部位存在渗漏时,应到正规维修厂由专业维修人员更换相关零部件和密封圈。

三、转向传动机构检查

1.检查转向器、转向盘

检查转向器防尘罩是否有裂纹或破损,转向器固定牢固,转动转向盘轻便、灵活,转向盘、转向器运动顺畅。

2.检查转向传动机构

检查转向传动机构连接是否松动或者损坏现象(图8-24)。

3.检查传动机构连接杆件

传动机构连接杆件检查,查看是否有松动或者摆动现象。存在松动或者摆动现象,应及时更换连接杆件、螺栓或球头销等机件,各连接杆件无损伤、变形。存在有以上问题

图8-23 转向器检查

应立即到正规修理厂进行修理,以确保汽车行驶安全(图8-25)。

图8-24 检查转向球头销

图8-25 检查转向机构连接杆件

课题三 发动机传动带的检查调整

汽车发动机传动带如果出现断裂或者出现了打滑,其危害性极大。驾驶人对车辆的日常检查不能忽视对发动机传动带的检视,在有限范围内仔细查看发动机传动带状况,发现问题及时送修,避免在行驶中出现问题。

一、正时齿带的检查与更换

各汽车制造商明确规定了正时齿带进行常规检查及更换的周期,并作为定期维护、全面检查的一项重要内容,正时齿带的维护应该加在定期维护的程序中,由专业技师进行维护或更换。在此,对其进行科普性讲述。

图8-26 正时齿带带齿损伤

发动机正时齿带护盖多分上、下部分,上盖比较容易拆下和移开,便于能够仔细地检查及更换齿带。当发现正时齿带硬化、龟裂、磨损和张紧力度不够等损坏现象时,应该及时更换(图8-26)。

1. 正时齿带的检查

(1)正时齿带表面检查。正时齿带没有破裂,并不意味着它没有问题。随着齿带越用越旧,它拉伸的程度势必超过张紧装置能够补偿的范围,因而产生正时链轮打滑轮齿磨损、导致齿带打滑。检查时,如果齿带有硬度降低、磨蚀、纤维断裂,或者裂纹、裂缝的现象,就表明齿带已破损,不可以继续使用。另外,齿带上有润滑油也将造成打滑现象,必须及时更换正时齿带或处理。正时齿带的破损,如图8-27所示。

(2)正时齿带松紧度检查。通常,可以通过经验感觉来判断的齿带松紧度(图8-28)。

◇温馨提示:正时齿带松紧度通常以安装好后,用手翻转正时齿带,翻转角度不应超过90°为宜。角度过大,则正时齿带过松,必须立即调整,正时齿带一经发现有硬度降低、损伤或老化等现象必须立即更换。

|项目八 汽车日常检查调整|

图 8-27　正时齿带破损　　　　　　　　　图 8-28　检查正时皮带松紧度

①如果查明齿带松弛,那就有可能是齿带拉伸过度,或者自动张紧装置松弛、卡住,或者弹簧断裂。齿带转动松弛但还没有咬合齿带齿时,应该对张紧装置复位,或者拧紧定位螺钉;如果齿带有跳动的现象,就应该及时更换。

②如果齿带相当紧,可以用粉笔或胶带纸在皮带背面做个记号,然后转动发动机,检查整个正时齿带。查看齿带齿是否有磨损或剪切、齿带侧壁有无裂纹(尤其是齿带齿边缘)、齿带背面是否有裂缝,以及有无任何油迹、油脂或冷却剂浸湿的痕迹。如果出现上述任何一种现象,都应该更换齿带。

(3)齿带齿受损的检查。如果张紧装置的张力过大或张紧装置未校准,就有可能使齿带带齿和齿带背面破裂(图 8-29)。

(4)齿带破裂、纤维断裂的检查图(8-30)。检查时,如果齿带有硬度降低、磨蚀、纤维断裂,或者裂纹、裂缝的现象,就表明齿带已破损,不可以继续使用。

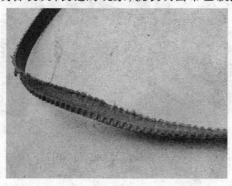 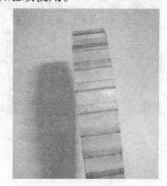

图 8-29　正时齿带带齿受损、两侧撕裂　　　　图 8-30　检查正时齿带纤维

2. 正时齿带的更换

各车型正时齿带的更换方法不完全相同,更换时应按照维修手册的要求由专业维修人员进行定期更换。选用新正时齿带时,要注意配件来源和品牌选择,最好选择原厂配件(图 8-31)。

二、传动带检查

汽车发动机传动带在日常使用中会逐渐松弛、打滑,甚至出现传动带断裂现象,引起发动机过热,蓄电池充电不足,空调系统、动力转向系统不能正常工作,因而需要注意检查

(图8-32)。

图8-31 选择原厂配件保质量　　　　　图8-32 传动带驱动发电机、空调压缩机

日常检查主要是检查传动带的损伤情况和张紧力。张力检查时,按压力大约在100N,传动带的压下量在10mm左右,则认为传动带的张紧力合适(图8-33)。

◇温馨提示:传动带的张紧力应调整合适。张紧力不足时,传动带容易出现打滑;张紧力过大时,容易损伤各种附件的轴承及造成传动带损坏。

1. 发电机传动带的检查与调整

除了部分大型货车以外,现代多数汽车的发电机通常都与其他装置共用一根传动带。在日常检查时,要注意检查发电机传动带,使用到规定时间后一定要及时更换(图8-34)。

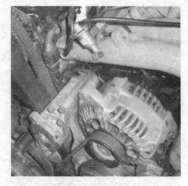

图8-33 检查传动带张力　　　　　图8-34 发电机传动带

传动带的橡胶还有一个老化问题,如果传动带橡胶严重老化,必须及时更换新传动带(图8-35)。

2. 发电机传动带的调整

现代汽车发电机传动带多带有传动带张紧自动调节机构,一般都不需要调整(图8-36)。

如果发现传动带过紧或过松的现象,应检查张紧装置是否失效或卡滞,其次再查传动带是否因使用时间过长,或质量问题而伸张过长等原因。有部分汽车发电机传动带不与其他装置共用,通常都在发电机固定的一端可调节(图8-37)。

三、空调压缩机传动带、转向助力油泵传动带的检查与调整

空调压缩机传动带(图8-38)、转向助力油泵传动带的检查与调整方法与发电机传动带检查与调整方法相似,只需根据使用说明书规定的压力和挠度差异调整传动带的张紧力。

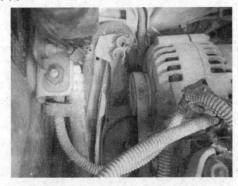

图 8-35　发电机传动带损坏

图 8-36　张紧自动调节机构

图 8-37　发电机传动带张紧调整

图 8-38　空调压缩机传动带

项目九 汽车简单故障应急处理

学习目标

完成本项目学习后,你应能:
1. 识别汽车仪表及报警灯;
2. 知道各种信号灯不亮的故障原因;
3. 会分析发动机不易起动、制动不良等简单故障。

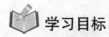**建议课时**:14 课时。

汽车在行驶一定的里程后,随着各系统部件的磨损和老化,某个系统和部件出现故障的几率就会大大增加。虽然平时良好的维护可以减少汽车在中途出现故障的几率,但也难免会遇到各种各样的故障和问题,给使用者或驾驶人带来许多麻烦和不便。汽车简单故障应急处理是指,驾驶人在车辆出现故障时,通过应急处理手段,在短时间内排除故障,使汽车恢复正常;或对故障做一些简单的处理和临时性的补救措施,使汽车能暂时运行起来,以便把汽车安全地开到目的地或返厂维修。

课题一 汽车仪表及报警灯的识读

一、认识汽车仪表及报警灯

汽车仪表及各类报警灯是监测汽车各个系统工作状况的窗口,驾驶人应当了解常见车辆仪表板上各种仪表和指示灯的作用,并通过它们的工作状态判断汽车的相应系统是否存在故障。

1. 车辆仪表的识别

车辆常见仪表主要用于指示车辆行驶里程、速度、发动机转速、发动机冷却液温度和燃油量等。车辆仪表的布局没有特定要求,设置上主要是从美观、实用和成本方面考虑,因而不同生产厂家和不同款式的车辆仪表数量、形式和分布差别较大,没有统一标准(图9-1)。

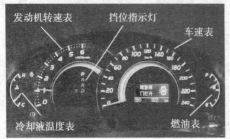

图9-1 别克汽车仪表板

发动机转速表单位为 1000r/min,意味着发动机实际转速等于指针指示转数与 1000r/min 的乘积。表中红色线段或红色数字对应的数值,代表发动机限超速度,达到此限速易造成发动机机件损伤。车速表的单位是km/h,仪表所标出的最大数值并不意味着车辆能够行驶的最高速度(图9-2)。

如图9-3所示,炮筒式仪表作为一种经典的设计,被越来越多的平民车型采用。炮筒式仪表在增强视效的同时,对实用性也有帮助。因为它的仪表板很长,在一定程度上避免了反光问题,使仪表内的数据更加易读。

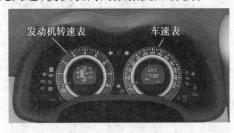 

图9-2 卡罗拉仪表板　　　　　　　　图9-3 炮筒式仪表

2. 车辆报警指示灯的识别

表9-1为常见车辆报警灯的指示含意。车辆报警指示灯按指示功能可分为三种:第一种是用于显示功能,如转向指示、前照灯远光指示等;第二种是用于提示功能,如发动机故障报警指示灯、燃油下限提示灯等;第三种是用于警告功能,主要是在车辆出现故障或异常情况时进行警示,以引起驾驶人高度的注意,如充电指示灯、机油压力报警灯等,由于直接影响到车辆的使用与安全,警告功能的报警指示灯常用红色显示(图9-4)。

常见仪表指示灯的识别　　　　　　　　表9-1

仪表显示图像及名称	说　明
驻车制动器指示灯	该指示灯用来显示车辆驻车制动的状态,平时为熄灭状态。当驻车制动被拉起后,该指示灯自动点亮。驻车制动被放下时,该指示灯自动熄灭; 当驻车制动器被完全释放后,指示灯仍然亮起,也有可能是制动液低液位过低,应停车检查
前照灯远光指示灯	该指示灯用来显示车辆前照灯远光开启状况。指示灯点亮表明前照灯远光被打开或者转向信号灯操纵杆在超车闪光位置
雾灯指示灯	该指示灯用来显示雾灯开启状况。当该指示灯点亮时,表明雾灯正在工作
示宽指示灯	该指示灯用来显示车辆示宽灯的工作状态,平时为熄灭状态,当示宽灯打开时,该指示灯随即亮

续上表

仪表显示图像及名称	说　明
转向信号/危险报警信号灯	该指示灯用来显示车辆转向灯所在的位置。通常为熄灭状态。当操作转向信号指示灯时,左转或右转信号指示灯会相应闪亮,转向灯熄灭后,该指示灯自动熄灭。按下紧急灯开关时,左右转向信号灯和指示灯都会闪亮
空调内循环指示灯	该指示灯用来显示车辆空调系统的工作状态,平时为熄灭状态。当打开内循环按钮时,空调系统进入内循环,指示灯点亮
车门敞开指示灯	该指示灯用来显示车辆各车门状况,当任何一扇车门未关紧或关好时,该指示灯都有点亮相应的车门指示灯,提示车主车门未关好,当车门关闭或关好时,相应车门指示灯熄灭
风窗玻璃清洁液指示灯	该指示灯用来显示车辆所装风窗玻璃清洁液的多少,平时为熄灭状态,该指示灯点亮时,说明车辆所装载玻璃清洁液已不足,需要添加风窗玻璃清洁液。添加风窗玻璃清洁液后,指示灯熄灭
O/D挡指示灯	该指示灯用来显示自动变速器的超速挡的工作状态,当O/D挡指示灯闪亮,说明O/D挡已锁止。此时,加速能力获得提升,但会增加油耗
TCS指示灯	该指示灯用来显示车辆TCS(牵引力控制系统)的工作状态,多出现在日系车上。当点火开关打开时,系统自检指示灯会亮起几秒钟。当该指示灯长亮时,说明TCS系统已被关闭
VSC指示灯	该指示灯用来显示车辆电子车身稳定系统(VSC)的工作状态,多出现在日系车上。当指示灯点亮时,说明VSC系统已被关闭

项目九　汽车简单故障应急处理

续上表

仪表显示图像及名称	说　明
发动机故障指示灯	该指示灯用来显示车辆发动机的工作状况，当发动机起动时，车辆自检，该指示灯点亮后自动熄灭。如发动机起动后或车辆行驶时，该指示灯长亮或持续闪亮，则说明汽车发动机出现故障，应尽快对车辆进行专业检查
燃油指示灯	该指示灯用来显示车辆燃油储备量的多少，当车辆起动并进行自检时，指示灯会点亮数秒后熄灭。如该指示灯常亮，说明车辆燃油量已不足
燃油不足报警信号灯	该指示灯用来显示车辆燃油缺少状况。在燃油表中的该报警信号灯点亮时，说明油箱燃油不足，应尽快加油
安全气囊指示灯	该指示灯用来显示安全气囊的工作状态，当点火开关打开时，车辆开始自检，指示灯会在点亮数秒后熄灭。如长亮则表明存在系统故障
安全带指示灯	该指示灯用来显示安全带是否处于锁止状态，如果安全带没有扣紧，当点火开关打开时，安全指示灯亮起。当安全带被及时扣紧后，该指示灯自动熄灭
充电系统指示灯	该指示灯用来显示蓄电池使用状态。当点火开关被旋转至ON(打开)位置时，指示灯会变亮。当发动机起动后，指示灯熄灭。驾驶时，如果该指示灯变亮，则表示交流发电机或充电系统存在故障
发动机机油指示灯	该指示灯用来显示当点火开关被旋转至ON(打开)位置时，报警信号灯会变亮。当发动机起动时，指示灯熄灭。该指示灯长亮，表明发动机机油油压低于规定标准，需要维修

续上表

仪表显示图像及名称	说　明
冷却液温指示灯	该指示灯用来显示发动机冷却液的温度。点火开关打开、车辆自检时,会点亮数秒后熄灭。指示灯常亮,说明冷却液温度超过规定值,需立刻停车检查
电子节气门指示灯（EPC）	该指示灯多见于大众公司的车型中,点火开关打开钥匙、车辆开始自检时,EPC 会点亮数秒后熄灭。出现故障时,该指示灯长亮,应及时进行检修
制动盘指示灯	该指示灯用来显示车辆制动盘磨损的状况。当指示灯点亮时,说明制动盘出现故障或磨损过度,需要及时修复

车辆各类报警指示灯在设置上主要是从美观、实用和成本方面考虑,在车辆仪表板上的布置位置、秩序和数量等延续于传统习惯,没有统一要求。因而不同生产厂家和不同款式的车辆仪表板报警指示灯数量、形式和分布差别较大(图9-5)。

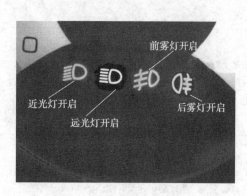

图9-4　报警灯颜色代表不同的含意

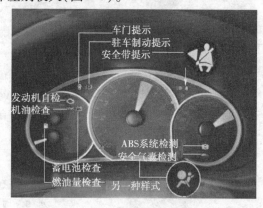

图9-5　报警指示灯布局

二、发动机故障指示灯的识读

1. 车载自动诊断系统(OBD)简介

现代汽车广泛采用电子控制技术,对汽车各系统和用电设备的控制基本实现了功能组合化、控制电子化和连接标准化。OBD 是英文 On-Board Diagnostics 的缩写,意思为"车载自动诊断系统"。它配备在汽车电控系统电脑内部,能够在发动机运行过程中不断监测控制系统各部分的工作情况,并能检测出控制系统中大部分故障,将故障以代码的形式储存在电脑内。当发动机排出的尾气超标或出现故障时，系统会马上发出报警，点亮仪表上的检查发动机故障指示灯（图9-6），告知驾驶人及时检查维修。

如图9-7所示，现代汽车基本都装备了OBD-Ⅱ系统。按照OBD-Ⅱ标准设计，汽车上的相关连接器、位置、代码都实行标准化，都有一个通用的标准诊断测试连接器（16针的故障检测插座，也称DLC），DLC的标准安装位置在驾驶人侧边仪表板下面。电控系统的所有零部件使用同一套标准的

图9-6 发动机故障指示灯

术语、缩写和定义，不管什么品牌的汽车，显示的故障代码符号和含义都是一样的。通过读取故障代码很方便查询到故障出处，便于维修车辆。

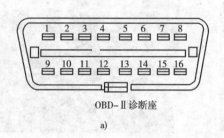

OBD-Ⅱ诊断座

a)

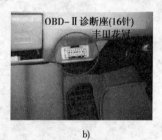

b)

图9-7 故障检测插座位置
a) DLC检测插座；b) DLC的安装位置

2. 使用检测仪读取故障代码

（1）常用汽车电脑检测仪。汽车电脑检测仪也称汽车电脑解码器、电眼睛等。目前，常用的汽车电脑解码器分两大类：一是由汽车制造厂提供的专用电脑解码；另一类是通用汽车电脑解码器，如Bosch公司生产的MOT系列、美国LAE公司生产的OTC、远征公司生产的电眼睛等（图9-8）。

（2）读取故障代码方法。使用标准的连接件将解码器的检测插头与汽车上的故障检测插座连接，然后打开点火开关，就可以很方便地从解码器的显示屏上读出所有储存在发动机电脑中的故障代码并查询故障代码含义。使用时，首先将被测汽车的型号和车辆识别码输入汽车电脑解码器，就能从软件中调出相应的检测程序。然后按照解码器屏幕上的提示进行操作，可以读取各控制系统故障代码。同时，还可以对该车辆发动机、自动变速器或制动防抱死装置等各个控制系统进行检测，显示汽车电脑运行数据资料（图9-9）。

在装备OBD-Ⅱ系统的车辆上，所有的故障代码（DTC）都以英文字母开头，后面跟随4个数字。如P0101、C1234、B2236等。故障代码开头的字母表示被监测到的故障系统：P为动力系统；B为车身系统；C为底盘系统；U为网络或数据通信传输系统故障码。

图9-8 博士V-30汽车电脑检测仪

第一个数字是通用码(对所有的车辆制造商),或是制造商专用码。例如,0 指一般码,1 指制造商专用码。第二个数字指出受影响的故障系统类型,数字从 1~7:1 为燃油及空气计量系统;2 为燃油及空气计量系统(特指喷射系统回路功能不良);3 为点火系统或缺缸监测系统;4 为辅助排放系统;5 为车速控制和急速控制系统;6 为计算机输出线路系统;7 为变速器。最后两位数字指出系统中出现故障的部件或部位,此处不再赘述。

3. 故障码的清除

一般而言,检测完毕后,可以使用解码器清除控制系统中存储的故障码。但如果没有修复故障,只要运行发动机,故障又会被检测出来并存储,故障指示灯点亮。另一种消除故障码的方法是断开通往发动机控制系统的电源线或熔断丝,也可清除发动机控制系统中存储的故障码;但采用拆除电池负极的方法清除故障码,将会使时钟和音响受影响(图 9-10)。

图 9-9　读取故障代码

图 9-10　修复故障,消除故障码

课题二　信号灯不亮的故障诊断

一、转向灯故障的应急处理

转向信号灯用以显示行驶方向。当车辆变道或是转变方向时需要开启,转向灯是断断续续闪亮的,为的是提醒前后左右的车辆或行人注意。一般情况下,一辆车最少有六个转向灯,车辆前方两个、车侧一边一个、车辆后方两个,驾驶室内还有两个转向信号指示灯。许多汽车在后视镜中也装有转向信号灯(图 9-11)。

在日常行车中,如果发现车辆有转向灯不亮,从安全方面考虑,应该尽快修理。汽车转向灯简单故障应急处理,需要了解车辆转向灯控制基本原理,才能最为直接简单进行。转向信号灯系统由闪光继电器(简称闪光器)、转向开关、转向灯和转向指示灯等组成。危险报警灯多与转向灯同用一个系统,当接通危险报警信号开关时,所有转向信号灯同时闪烁,表示车辆遇紧急情况,提醒其他车辆避让。危险报警灯操纵装置不受点火开关控制,汽车转向灯(应急报警灯)控制线路,如图

图 9-11　车辆转向信号灯

9-12所示。

1. 常见故障现象

(1)接通转向开关时,左右转向灯的闪光频率不一致或两边转向灯的灯光频率不正常。

(2)转向灯不亮。

2. 原因分析及诊断处理

(1)接通转向开关时,左右转向灯的闪光频率不一致,多为一边有转向灯烧坏;两边转向灯的灯光频率相同但不正常,主要是闪光器问题,需要更换闪光器(图9-13)。闪光器在仪表板下靠近车辆熔断丝盒附近或直接装在熔断丝盒内。

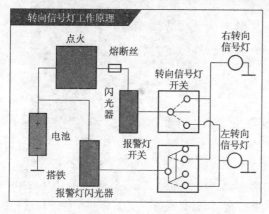
图9-12 汽车转向灯(应急报警灯)控制线路

图9-13 闪光器

(2)转向灯不亮。如图9-14所示,先确认蓄电池存电是否正常,然后按下列步骤应急检修转向灯。

①车辆转向灯全部不亮问题常出在熔断丝(熔断器)或闪光器上。

a. 按下危险报警信号开关时,所有转向信号灯应同时闪烁(危险报警灯操纵装置不受点火开关控制)。转向灯闪亮,故障在转向灯熔断丝、转向灯闪光器和开关处;否则,在闪光器出去的线路及灯的部分(转向灯闪光器与危险报警闪光器也有共用的),重点检查闪光器插座接线的导线接头接触不良、氧化等(图9-15)。

图9-14 检测蓄电池电压

图9-15 危险报警闪光器位置

b. 找到相应熔断丝,查看是否熔断,如有熔断换新装复。熔断丝盒内一般会有应急备用熔断丝,若没有也可临时拆借其他不用或少用的电气系统熔断丝(选择同一或稍大安培数值),如后视加热器熔断丝等临时替代(图9-16)。

c.如没有熔断,则检查闪光器插座、导线接头等是否接触不良;打开转向灯开关,用导线短接闪光器 B + 与 L 脚(在插座上对应位置插接),注意观察转向灯是否点亮。如已点亮闪光灯,则故障在闪光器;不能点亮,可用(建议不要刮火花检查)试灯测试 B+脚,有电故障在转向灯开关;无电在点火开关到插座线路上(图9-17)。

图9-16 按熔断丝盒盖标注对应查找熔断丝

图9-17 检查闪光器插座

②车辆转向灯个别不亮。转向灯个别不亮问题经常遇到,多数是灯泡烧坏、插座导线断路或接触不良,接头锈蚀等引起,对应拆下检查清理,更换好闪光灯即可(图9-18、图9-19)。

图9-18 卸下灯座和灯泡

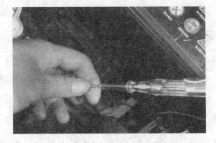
图9-19 检查插座

有条件时,也可用万用表检测查灯泡和灯座,如灯泡内阻为无穷大则是灯丝烧坏(图9-20);灯座应有电流,否则检查线路。

二、制动灯故障的应急处理

汽车制动灯(俗称刹车灯)安装在车尾,一般由左右两个制动灯以及一个高位制动灯组成,其主体颜色为红色。制动灯主要起到警示作用,在车辆减速、停止或是前方遇到突发事故踩下制动踏板时,制动灯亮起,避免车辆追尾事故的发生(图9-21)。

1.常见故障现象
踏下汽车制动踏板,制动灯不亮。

2.原因分析及诊断处理
制动灯不亮故障原因常见于导线连接不良、制动灯灯泡烧坏或制动灯开关调整不当或损坏等。

图9-20 灯丝损坏

制动灯由左右两个和一个高位制动灯组成，其主体颜色为红色，在踩下制动踏板时，制动灯被点亮。

图9-21 汽车制动灯

（1）制动灯单边不亮问题多数是灯泡烧坏、插座导线断路或接触不良，接头锈蚀等。拆卸尾灯总成，检查制动灯是否烧坏、插座及连线是否接触良好，有问题更换灯泡或修复。

（2）制动灯全部不亮故障主要在熔断丝、制动灯开关问题上。

①把仪表板下板拆开，找到相应熔断丝，查看是否熔断，如有熔断换新装复（图9-22）。

②取下制动灯开关防尘套，用导线连接开关的两接线柱，查看制动灯。此时，若制动灯亮，为制动灯开关损坏或调整不当（图9-23）。

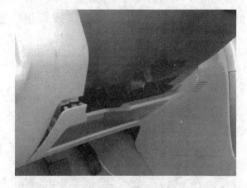

图9-22 拆开面板

图9-23 检查制动灯开关

三、雾灯故障的应急处理

汽车前雾灯装于汽车前部比前照灯稍低的位置，用于雨雾天气行车时照明道路，提高驾驶人的能见度。后雾灯用于在雾、雪、雨或尘埃弥漫等能见度较低的环境中，为使后方车辆易于发现，而安装在车辆尾部，发光强度比尾灯更大的红色信号灯（图9-24）。

1. 故障现象

打开雾灯开关，雾灯不亮。

2. 原因分析及诊断处理

图9-24 汽车前、后雾灯

（1）检查灯泡有无故障。可取下灯泡查看灯丝是否烧断。取灯泡时，应尽量避免手与灯泡玻璃直接接触。

（2）检查相应熔断丝，当熔断丝烧断时，应更换。如果换上新的熔断丝又烧断，应先准确地检查出搭铁点，再换上新的熔断丝。

（3）如果熔断器与灯泡均良好但灯仍不亮，可用试灯进行检查开关。一般可判断为雾灯开关有故障。临时短接使用或更换开关。

课题三　前照灯不亮的故障诊断

前照灯，是用于在光线不好或是夜间为车主提供良好的视野。在交通法规里，对前照灯的光度、照射范围都有明确要求。随着汽车业的高速发展，越来越多的车辆都装备了氙气前照灯、自动可调式前照灯等。前照灯的灯照距离越远，配光特性越好，汽车行驶的安全性能就越高（图9-25）。

1. 故障现象

前照灯常见故障有：前照灯不亮，或远、近光不全亮。

2. 原因分析及诊断处理

将组合开关手柄转到2挡位置，近光灯应点亮。将手柄下压，远光灯也应亮。前照灯故障多见于熔断丝、开关、灯泡和前照灯灯座等部位出现熔断、烧坏、导线断路或氧化接触不良，接头锈蚀等（图9-26）。

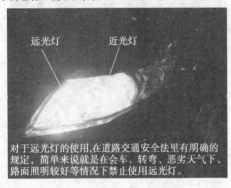

图9-25　汽车前照灯总成

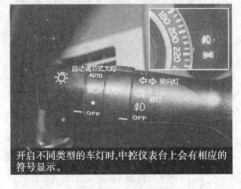

图9-26　组合开关手柄

（1）前照灯全部不亮。前照灯不亮，可开近光灯；若近光灯也不亮，再按喇叭。若喇叭响，说明熔断丝前的电源线路良好；若喇叭也不响，应进而检查总熔断丝是否跳开或熔断；若保险完好，则应再检查熔断丝到蓄电池的导线有无断路或接头松脱。

若熔断丝修复后再开前照灯试验，熔断丝又跳开或熔断，说明线路某处搭铁，可分段查找线路搭铁处。

（2）个别前照灯不亮，通常是灯丝烧断或线路接触不良引起的，可更换烧坏的灯泡，换灯泡后仍不亮，即说明线路有故障，可逐段查找并排除故障。以左近光灯不亮为例，检修步骤如下。

①检查蓄电池。查看蓄电池检视窗可以看到深蓝色，表明蓄电池存电良好；检查极

桩接线，连接不能有松动感（图9-27）。

②找到相应照明灯熔断丝（图9-28）。

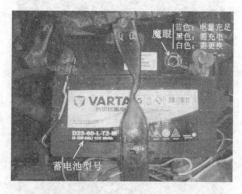
图9-27 检查蓄电池

图9-28 查找左灯熔断丝

③检查熔断丝是否熔断。如熔断，重新装复后再试看前照灯是否已亮（图9-29、图9-30）。

④若灯仍不亮，拆检左前灯总成检查，按下列图示步骤分别检查灯泡、导线和接头，发现问题给予修复或更换（图9-31、图9-32、图9-33）。

图9-29 检测熔断丝一端有电

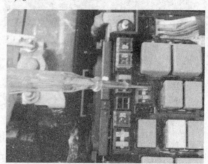
图9-30 检测熔断丝另一端无电，为熔断

图9-31 检查插件是否良好

图9-32 接头不通，查看导线

⑤上述调试后灯仍不亮，则应检查灯泡和灯座。更换新灯泡（图9-34、图9-35）。

⑥测量灯泡内阻为0.4Ω，表明灯座接触不良，清除灯座触点锈蚀。如灯泡内阻为无穷大，则灯丝烧断（图9-36）。

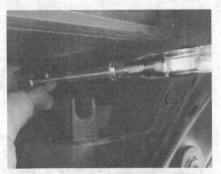
图9-33 接头良好

图9-34 拆卸灯泡盖检查

图9-35 取下灯泡检查

图9-36 灯丝损坏

课题四　发动机不易起动的故障诊断

在日常使用中,由于操作不当、维护不好或受到车辆使用环境影响,发动机会出现各种故障。发动机不易起动是最为常见的故障,表现为起动机能正常带转发动机,但不易起动或需要多次、长时间起动才能起动;起动后很快又熄火等。车辆难以起动的原因甚多,有蓄电池、起动机、油路和电喷控制电路等。而诊断故障,则需针对车辆具体故障现象进行具体分析,确定故障范围找出故障原因(图9-37)。

对于起动困难的故障,应分清是在冷车时出现还是热车时出现,冷车起动困难和热车起动困难所产生的原因是不同的。

一、冷车起动困难

1. 故障现象

汽车停放时间较长,在发动机冷却液温处于环境温度低,特别是冬季等低温情况下,发动机冷车起动困难或需连续起动多次才能"发动"。发动机起动后工作正常。

2. 故障原因及排除

根据故障现象,发动机只是冷起动困难,而起动后工作正常。所以可排除电源、起动机(因热车可起动)、燃油泵和点火电路部分故障成因,因此这些部位可暂不予检查。发动机冷起动时,电脑需根据进气温度传感器、液温传感器(图9-38)传输的温度信息,发出修正基本供油量,即加喷辅助供油指令,以向发动机供给冷起动时所需浓混合气。显然,如两传感器发生故障导致冷起动时混合气过稀,发动机将难以起动。

图9-37　发动机起动困难的故障诊断　　　　图9-38　液温传感器

造成发动机冷车起动困难故障的常见原因有:温度传感器(液温传感器和进气温度传感器)及其线路故障、ECU故障等,检查方法如下(图9-39)。

(1)检查空气滤清器。拆掉空气滤清器,起动发动机检查,如果好转,为空气滤清器堵塞(图9-40)。

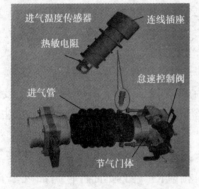

图9-39　进气温度传感器位置　　　　图9-40　空气滤清器堵塞

(2)对温度传感器及其控制线路进行检查,其线路连接应正常。检查重点在插接头、空挂的导线,特别是液温传感器,应仔细检查。进气温度传感器通常安装在空气滤清器之后的进气软管上或空气流量计上。液温传感器则安装在发动机缸体或缸盖的水套上,与冷却液接触,用来检测发动机的冷却液温度(图9-41)。

(3)检测温度传感器。冷却液温度传感器的内部是一个半导体热敏电阻,它具有负的温度电阻系数。液温越低,电阻越大;反之,液温越高,电阻越小。液温传感器的两根导线都和电控单元相连接。其中一根为地线,另一根的对地电压随热敏电阻阻值的变化而变化。拔下液温传感器线束插头,用万用表测量液温传感器和空气流量计各接线端之间的电阻。如果阻值不符合标准,应更换。

(4)不良起动方式造成冷起动不易。冷车不易起动也有人为习惯原因,问题出在不正确的点火的方法上。

正确的起动方法是:插入钥匙(图9-42)旋转至ACC停止,等待2~3s,让主电源继电器触点稳固接触,让第一部分需要通电的器件通电;继续将钥匙转至ON,再停止等待6~10s,让油泵继电器吸合,等待各个传感器调整状态完毕及控制系统自检完成后,将钥匙转至START,发动机起动后返回ON处。

图9-41 冷却液温度传感器安装位置

图9-42 正确的点火方法

二、热车起动困难

1. 故障现象

发动机冷车起动正常,热车起动困难(甚至等信号灯时熄火,之后很难起动),而起动后发动机工作正常。

2. 故障原因及排除

发动机冷车起动正常,热车起动困难的原因有:系统出现故障和混合气过浓。造成影响混合气过浓的原因有:温度传感器传给ECU的信号不准确和燃油喷射系统出现故障。

图9-43 喷油器渗漏

(1)混合气过浓往往是造成热车不易起动的主要原因。因而首先应检查温度传感器及其控制线路,方法同前述。

(2)起动发动机达到正常温度后,拆检各缸火花塞,如火花塞上有汽油,说明相应的气缸喷油器有漏油现象,造成"淹缸"。可拆检、清洁或更换相应的喷油器排除故障(图9-43)。

(3)如热车熄火后立即起动,起动良好,但熄火等候5~8min后,再起动就非常困难。则应检查燃油系统,重点检查油泵至喷油器之间油管接头是否有漏油,给予修复。

课题五 制动不良的故障诊断

汽车制动不良表现为:制动失效、制动效能不良、制动拖滞、制动跑偏等。液压制动系统由真空助力器、液压传动装置和制动器三部分组成,在日常行车中,制动不良主要是制动系统机件全部或部分功能失效。如果发现制动失灵、制动偏软或有异响,为保障安全,应立即停车检查,及时检查排除。

一、真空助力器的故障诊断

1. 真空助力器密封性诊断

起动发动机,加速到中等转速(1500r/min左右)后,将发动机熄火,同时,迅速抬起加速踏板,使发动机进气管中有较高的真空度。发动机熄火约90s后,踩下制动踏板,此时若能听到真空助力器附近有清晰的"呼"的进气声,抬起制动踏板再踩一下,又能听到一次进气声,说明真空助力器密封良好。否则,是真空止回阀不严密、真空管路堵塞或泄漏,应拆检修理。

2. 真空助力器工作效能诊断

在发动机熄火状态下,用力踩下制动踏板数次,解除助力泵中的真空。然后用适当的力再踩下制动踏板,并使制动踏板保持不动。此时,起动发动机,若能明显地感觉到制动踏板下落一段距离,则说明真空助力器在起作用。若在发动机起动瞬间没有感觉到制动踏板下沉或感觉不明显,说明真空助力器已丧失助力作用,应进一步拆检修理(图9-44)。

图9-44 真空助力器

二、液压传动装置的故障诊断

1. 液压传动装置密封性诊断

在停驶状态下,先查看制动液是否足量,然后踏下制动踏板,使制动系统产生压力。若踏板逐渐不降,则表明制动系统有泄漏。需要查看制动管路各接头是否拧紧,有无渗漏和腐蚀。

2. 液压传动装置间隙及踏板自由行程诊断

踏下制动踏板时,如果能踏到底(即与限位螺钉或底板接触),表明总泵内油液不足、制动间隙过大或踏板自由行程过大,需进一步检查调整。

3. 液压传动装置工况诊断

(1)连续反复踏制动踏板,其工作行程应逐渐减小,踏板高度逐渐增高。否则,可能有如下故障:制动主缸储液室盖上的通气孔、补油孔堵塞、主缸内油液不足、主缸出油阀损坏等,使系统油压不能升高。

(2)连续踩几脚制动踏板,如果有弹性,且踏板位置逐渐升高,稍停一会儿再踩,踏板位置又降得很低。这是制动液中混入了空气。应按照从后轮到前轮的顺序,逐一进行排气。轿车制动系统组成示意,如图9-45所示。

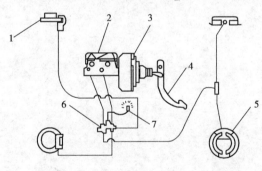

图9-45 轿车制动系统组成示意图(前盘后鼓)
1-前轮盘式制动器;2-制动主缸;3-真空助力器;4-制动踏板机构;5-后轮鼓式制动器;6-制动组合阀;7-制动警示灯

三、制动器的故障诊断

确认真空助力器和液压传动装置工作正常,再检查车轮制动器。在行驶状态下(30～50km/h),用力踏制动踏板,根据现象做如下判断。

(1)如果制动效能差,可能是以下原因:制动盘(鼓)或摩擦片磨损、制动鼓上有油污、制动鼓内有水渍(雨天)、制动鼓温度过高(盘山路多陡坡)、制动蹄偏心支撑销锈涩或锈死(车辆放久后易出现)。

（2）如果制动时方向跑偏，应检查各轮制动器摩擦片磨损是否均匀、制动间隙是否合适、比例阀是否有效。

（3）行驶20km以后，用手摸制动鼓或制动盘（图9-46），感到特别发烫，则是制动器回位装置失效。

图9-46　盘式车轮制动器

参 考 文 献

[1] 弋国鹏,赵龙.汽车故障诊断技术[M].北京:人民交通出版社,2011.
[2] 邱伟明,沈云鹤.汽车使用与日常养护[M].北京:高等教育出版社,2007.
[3] 张永格.汽车保险与交通使用手册[M].北京:法律出版社,2007.
[4] 戴良鸿.汽车使用与日常养护[M].上海:复旦大学出版社,2007.
[5] 谷正气.怎样处理交通事故:保险与理赔[M].北京:机械工业出版社,2006.
[6] 戴汝泉.汽车运行材料[M].北京:机械工业出版社,2005.
[7] 唐诗升.现代汽车推介[M].北京:人民交通出版社,2004.
[8] 邵佳明.汽车驾驶[M].北京:人民交通出版社,1999.